D1937362

HANS RAUSCHER

VRANITZKY

EINE CHANCE.

HANS RAUSCHER

VRANITZKY

EINE CHANCE.

UEBERREUTER

CIP-Kurztitelaufnahme der Deutschen Bibliothek

Rauscher, Hans:
Vranitzky : e. Chance. / Hans Rauscher. –
Wien : Ueberreuter, 1987.
ISBN 3-8000-3161-9

Für Billie

AU 76/1
Alle Rechte vorbehalten
Umschlaggestaltung von Herbert Dietrich unter
Verwendung eines Fotos von Hans Karl Weiß
© 1987 by Verlag Carl Ueberreuter, Wien
Gesamtherstellung: Carl Ueberreuter Druckerei Ges.m.b.H.,
Korneuburg
Printed in Austria

Inhalt

Die Chance oder Ein Kanzler als Produkt der Krise

Warum Vranitzky Bundeskanzler wurde und was von ihm zu erwarten ist

Im Jahr 1986 mußte Österreich seine Krise endgültig zur Kenntnis nehmen.
Schon zu Beginn der achtziger Jahre wurden das Sicherheitsgefühl und die Selbstzufriedenheit, die während der siebziger Jahre geherrscht hatten (Stichwort »Insel der Seligen«), durch eine Reihe von Korruptionsskandalen und anderen politischen Erschütterungen bedroht (Stichwort AKH, WBO, Hainburg). Das erzeugte Unbehagen und auch Wut, aber noch keine existentielle Verunsicherung.
Im Laufe des Jahres 1986 ließ sich aber plötzlich nicht mehr verdrängen, daß sich – zwar erst in Ansätzen – die Frage nach den Existenzgrundlagen, nach dem Selbstverständnis Österreichs neu stellte: Sind wir noch ein moderner, prosperierender Industriestaat, eine Demokratie westlicher Prägung?
Zwei Entwicklungen haben dies bewirkt:
1986 wurde klar, was der VOEST-Schock vom Spätherbst 1985 (mit dem Verlust von 12 Milliarden Schilling durch Ölspekulationen und gigantische Fehlprojekte) bedeutete: nämlich die reale Möglichkeit des Zusammenbruchs eines Großteils der verstaatlichten Industrie mit rund einem Fünftel aller Industriebeschäftigten des Landes. Das wiegt in Österreich mit seinem für ein westliches Land abnorm hohen Staatsanteil an der Wirtschaft viel schwerer als in anderen Ländern, die auch eine Krise der Stahl- und Grundstoffindustrie durchmachen: Außerhalb der Staatsindustrie gibt es praktisch keine Großindustrie, und die »Flaggschiffe« der Staatsindustrie (VOEST, VEW, Steyr, Chemie Linz) waren ohne Steuergeldhilfe bankrott.

In den Korruptionsaffären der Jahre zuvor war es um die politische Kultur des Landes bzw. um deren Mangel gegangen. Nun aber ging es um die industrielle Substanz.
Aber noch etwas war in diesem Jahr vom Zusammenbruch bedroht – das Selbstbild der Österreicher, ihre Identität. Die Rolle des Landes in der Welt war plötzlich in Frage gestellt. Die Österreicher hatten einen Mann zum Bundespräsidenten gewählt, weil sie an den Wahlslogan glaubten, er sei »ein Österreicher, dem die Welt vertraut«. Immerhin war er doch 10 Jahre lang Generalsekretär der UNO gewesen. Nun mußten sie schockartig erleben, daß dieser gewählte Bundespräsident in den westlichen Demokratien und vor allem in deren Führungsmacht, den USA, mit tiefstem Mißtrauen und weitverbreiteter Abneigung betrachtet wurde. Überdies zeigte sich, daß die Welt nicht mehr bereit war, den Österreichern ihre Version der Vergangenheit abzunehmen. Die Frage nach den Grundlagen des Staates und seiner Entstehung wurde den Verblüfften in feindseligem Ton gestellt: Ob denn nun die Österreicher (die ersten) Opfer Hitlers gewesen seien oder nicht vielmehr seine willigen, ja begeisterten Helfershelfer? (Sie waren beides.)
Diese Schockerlebnisse waren begleitet von einem starken Wechsel der Personen an den Schlüsselstellen des Landes. 1986 war auch das Jahr der neuen Gesichter.
Zum Staatsoberhaupt wurde zum ersten Mal in der Nachkriegszeit ein Nicht-Sozialist gewählt. Zum Erzbischof von Wien bestimmte Rom statt eines weltläufigen Liberalen einen unbekannten, dem Marienkult verbundenen Ordensgeistlichen. Dafür kam an die Spitze des Rundfunkmonopols, in die Generalintendanz des ORF, nach einem ideologisch geprägten

Rechtskonservativen ein im Grunde unpolitischer Unterhaltungsmann mit lockeren Bindungen an die SPÖ. Die kleine, aber für den Bestand der Regierungskoalition wichtige Freiheitliche Partei (FPÖ) wählte unter tumultuösen Umständen statt eines halbherzigen Liberalen einen rechtsnationalen Populisten zum neuen Obmann, wodurch auch die kleine Koalition aus SPÖ und FPÖ platzte. Und im mächtigen Gewerkschaftsbund (ÖGB) bahnte sich eine Wachablöse an, die dann im Jänner 1987 vollzogen wurde. Ein Zweiundvierzigjähriger wurde zum Präsidenten des ÖGB nominiert. Und es gab einen neuen Bundeskanzler namens Franz Vranitzky.

Der bisherige Amtsinhaber, Fred Sinowatz, zog aus seinen Mißerfolgen, deren größter der Sieg Kurt Waldheims über den SPÖ-Kandidaten Kurt Steyrer war (mit 54 Prozent die größte Mehrheit bei Bundespräsidentenwahlen der Zweiten Republik, ausgenommen Kirchschlägers Wiederwahl 1980), die Konsequenzen, trat zurück und präsentierte seiner überraschten, aber nicht unangenehm berührten Partei den bisherigen Finanzminister Vranitzky als neuen Kanzler.

Vranitzky ist das Produkt des »Umbruchjahres« 1986. Ohne Verstaatlichtenkrise und ohne Waldheim-Drama hätte es ihn nicht gegeben. Vranitzky artikuliert das neue Bewußtsein – den Einbruch der Wirklichkeit auf der Insel der Seligen.

Die meisten spüren jetzt, daß es eine Krise gibt. Die wenigsten wollen daraus unangenehme Konsequenzen ziehen. Vranitzky traut man die Bewältigung der Krise zu – und man will sie auch gerne an ihn delegieren.

Der Umstand, daß er ein »Quereinsteiger« in die Politik ist, ohne die übliche Ochsentour, wird dabei von

der allgemeinen Bevölkerung positiver gesehen als von den Funktionären seiner Partei. Aber die SPÖ muß anerkennen, daß er ihr bei der Nationalratswahl 1986 die Mehrheit gerettet hat.
Das war zum größten Teil seine Leistung. Zunächst durch die Raschheit des Entschlusses: Kaum drei Monate im Amt, suchte er Neuwahlen. Der Anlaß, ein neuer Obmann beim Koalitionspartner FPÖ, war auch inhaltlich richtig gewählt – die FPÖ war nur mehr Ballast. Jörg Haider ist kein seriöser Partner.
Die Leistung Vranitzkys lag aber auch in der Trendumkehr. Der »Zeitgeist« war in diesem Jahr 1986 endgültig an der Kippe zum Konservativen. Die Umfragen signalisierten eine Mehrheit für die bürgerlich-konservative Volkspartei. »Von Rechts wegen« hätten nun die 17 Jahre sozialistischer Herrschaft zu Ende sein müssen.
Aber die einzigen, die nichts geändert hatten in diesem Jahr der Änderungen (obwohl es Ansätze dazu gab), waren die Bürgerlichen. Das rächte sich. Die SPÖ verlor mit Vranitzky zwar 4,5 Prozent der Stimmen, behielt aber die relative Mehrheit.
Die Erwartungen seiner Partei hat Vranitzky somit zunächst erfüllt. Er hat der abgewirtschafteten, ideenlosen, ausgelaugten, skandalzerfressenen SPÖ die Möglichkeit gegeben, ihre Führungsrolle im Land beizubehalten, wenn auch mit der ÖVP als Partner, die einen größeren Machtanteil will als die viel kleinere FPÖ.
Die große sozialistische Partei erwartet von ihm aber auch, daß er ihre Zukunft garantiert. Denn als traditionelle Arbeiterpartei droht sie in der »soziologischen Zwickmühle« einer veränderten Gesellschaftsschichtung zerrieben zu werden. Vom Arbeiterkind Franz Vranitzky, der es bis zum Großbankdirektor brachte,

erwartet die SPÖ das Halten der klassischen Stammwähler und die Anziehung neuer Schichten.
Was hingegen Österreich von ihm zu erwarten hat, ist eine gewisse Modernisierung des Landes. Und zwar sowohl die Modernisierung der veralteten, verkrusteten Wirtschaftsstrukturen (nicht nur in der Staatswirtschaft) als auch die Modernisierung der Denkstrukturen, einer gewissen österreichischen Mentalität. Was sich im Gefolge der Auseinandersetzung um Kurt Waldheim und die »Kriegsgeneration« überhaupt als Welt- und Selbstbild vieler Österreicher geoffenbart hat, ist im Grund genauso gestrig und draußen in der (westlichen) Welt »unverkäuflich« wie die primitiven Produkte der staatlichen Stahlkonzerne.
Auch dies hat Franz Vranitzky im Auge gehabt, als er die Nationalratswahl vom November 1986, seine erste und bisher einzige Wahl als Kanzlerkandidat, mit dem Slogan »Vor uns das neue Österreich« bestritt. Wohlgemerkt: nicht ein selbstbewußtes »Wir bauen das neue Österreich« – diese Form der Überheblichkeit ist der SPÖ gründlich ausgetrieben worden. Der Slogan, der übrigens von einem engen Freund Vranitzkys stammt – Hans Schmid, Chef der Werbeagentur GGK –, stellt nur eine Möglichkeit in den Raum. Vranitzky hat die Mentalität, das Naturell und natürlich die Position, das neue Österreich zu bauen oder zumindest zu entwerfen. Wenn er will, kann er, der im Oktober 1987 50 Jahre alt wurde, zehn oder mehr Jahre Kanzler sein, wie Kreisky (es gibt starke Indizien dafür, daß er *nicht* will, gerade wegen des warnenden Beispiels Kreisky). Er könnte auch ein positiverer Kanzler sein als Kreisky, weil er ausgeglichener, vernünftiger ist als der große »Alte«, der sich zum Schluß fast aus Mutwillen selbst kleiner machte.
Vranitzky hat eine Chance, die er jetzt zu erkennen

beginnt. In seiner Karriereplanung (und er hatte eine recht klare Vorstellung von seiner Karriere) war die Politik ursprünglich nicht vorgesehen. Aber das Angebot, Kanzler zu werden, war anfangs natürlich verlokkend. In der nächsten, sehr kurzen Phase hat er begriffen, was es bedeutet, 1986 Kanzler zu sein.

Franz Vranitzky hat Angst um Österreich. Seine Urangst ist, daß das Land bei allem scheinbaren äußeren Wohlstand ökonomisch (und politisch) vom Fortschritt der westlichen Industrienationen abgehängt wird. Er weiß, daß ein wirtschaftliches Zurückfallen, das Angewiesensein auf Märkte im Osten letztlich auch Freiheitsverlust bedeutet.

Franz Vranitzky leidet auch an Österreich. Der Fall Waldheim und seine Folgeerscheinungen gehen ihm tief unter die Haut, weil der darin geäußerte Mangel an Weltoffenheit und Toleranz seiner eigenen inneren Anlage und seinem Wissen um die Notwendigkeit so gänzlich widerspricht. Er ist vermutlich der derzeit kompromißloseste Anti-Nationalsozialist in Österreichs Politik.

Franz Vranitzky ist aber überzeugt, daß es gelingen wird, das, was er »die Schatten über dem Land« nennt, wieder wegzubekommen.

Für einen einzelnen ist diese Aufgabe selbstverständlich zu groß. Dazu kommt, daß Vranitzky zwar die Hoffnung seiner Partei ist, gleichzeitig aber auch als bequeme Ausrede herhalten muß: Der Franz wird das schon machen. In Wirklichkeit ist Vranitzky ziemlich (und gefährlich) allein.

Darüber hinaus ist noch gar nicht geklärt, ob er auch unter günstigeren Umständen die in ihn gesetzten Erwartungen erfüllen kann. Die Frage seiner wahren Tüchtigkeit ist noch offen. Seine bisherige »performance« in Führungspositionen – wörtlich die »Vor-

stellung«, die er gegeben hat – ist nicht ungünstig, aber auch nicht begeisternd.
Eine nähere Beschäftigung mit Vranitzky zeigt, daß er – durchaus auf sympathische Weise – nicht ganz dem Bild entspricht, das sich die Öffentlichkeit von ihm gemacht hat, beziehungsweise das ihr verkauft wurde. Die Image-Aufkleber, die ihm angepappt wurden – »Macher«, »Durchreißer«, »trouble-shooter« (soviel wie Feuerwehr für schwerwiegende Fälle) – stimmen nur bedingt. Vranitzky ist weniger ein »Macher« als vielmehr ein »Stimmungsmacher«. Einer, der die Situation richtig analysiert, dann aber lieber versucht, die klimatischen Voraussetzungen für eine Lösung zu schaffen, als sie brachial durchzusetzen.
Das wiederum steht im Zusammenhang mit seinen persönlichen Eigenschaften: Der Mann, der so oft Zuflucht zu Sarkasmus nimmt, manchmal arrogant wirken kann, hat einen starken Zug ins Warmherzige, Weiche. Kenner Vranitzkys berichten übereinstimmend von seiner Sensibilität, dem Mangel an Brutalität auch Widersachern gegenüber. Der Killer-Instinkt, ohne den ein Politiker nicht auskommt oder nicht auszukommen glaubt, fehlt ihm weitgehend.
Das ist ein Problem, und zwar eines der Durchsetzungsfähigkeit. Der Neo Politiker Vranitzky hat zwar einen gesunden Willen zur Macht, aber die Freude am taktischen Schachspiel, am Hantieren mit den Hebeln der Beeinflussungsmaschinerie, die geht ihm ab.
Was sich als verhängnisvoll erweisen könnte, denn er ist auch in seinem Bewußtseinsstand ziemlich allein oder doch den anderen weit voraus. Die Krise wird zwar in Österreich von vielen gespürt, aber nur wenige wollen die richtigen Schlüsse – und Konsequenzen – daraus ziehen.

Vranitzky predigt den eigenen Parteigenossen (und den Österreichern insgesamt) Dinge, die sie nicht recht hören wollen: Verzicht auf totale Absicherung durch den Staat, mehr Wettbewerb, mehr Selbständigkeit, Internationalität. Wobei er zwar Tabus bricht; aber die Frage ist nicht geklärt, ob er dabei genügend radikal sein kann. Ob er nicht doch auch innerlich von sozialistischen Dogmen gehemmt wird.
Vorläufig wird das jedoch durch Vranitzkys ungeheure Popularität aufgewogen. Es war nicht übertrieben, als der SPÖ-Parteivorsitzende Sinowatz ihn im August 1987 als »den beliebtesten Politiker der Nachkriegszeit« bezeichnete. Mit der Einschränkung, daß die Beliebtheitswerte solcher Nachkriegs-Giganten wie Leopold Figl oder Julius Raab mit primitiveren und schwer vergleichbaren Methoden erhoben wurden, ist Vranitzky der absolute Champion: Nach der gebräuchlichsten Meßmethode, nämlich einer Skala von minus Fünf bis plus Fünf, hielt er im Sommer 1987 den Wert von 3,34 Punkten. Damit liegt er besser als der bisherige Meister, Bruno Kreisky, in seiner besten Zeit und unendlich weit vor seinem direkten Konkurrenten Alois Mock. Der ÖVP-Obmann hielt in diesem Vergleichszeitraum bei 0,99 Punkten.
Selbst wenn man in Rechnung stellt, daß diese Beliebtheitswerte von den jeweiligen Parteisekretariaten veröffentlicht werden, so sind sie doch in der Tendenz unanzweifelbar. Auch nach anderen Umfragemethoden (»Stellen Sie sich vor, man könnte den Kanzler direkt wählen«) führt Vranitzky haushoch, nämlich 65:16 Prozent. Diese Welle der Zustimmung leitet sich vordergründig von seinem sympathischen Äußeren und Auftreten her. Er entspricht dem »Zeitgeist«: relativ jung, sportlich, gepflegt, ein Managertyp, erfolgreicher Aufsteiger mit attraktiver Frau und

wohlgeratenen Kindern. Durchgestylt, aber mit linkem Herz.
Wie links? Schlagworte wie »Nadelstreif-Sozialist«, »Reparatursozialist«, »stromlinienförmiger Sozi« begleiten ihn (und ärgern ihn nicht wenig), beschreiben ihn aber nur unvollständig. Der Verdacht besteht, daß Franz Vranitzky, gäbe es eine echte liberale Partei in Österreich, sich als deren Vorsitzender sehr gut machen würde. Andererseits reichen seine persönlichen Wurzeln tief ins Arbeitermilieu. Für einen echten Wirtschaftsliberalen ist er doch zu sehr von der Rolle des Staates überzeugt. Aber kulturell ist er unzweifelhaft ein Liberaler im besten Sinn.
Die meisten Menschen jedoch empfinden Vranitzky überhaupt nicht als Politiker (in dem abwertenden Sinn, der sich inzwischen mit dem Begriff verbindet). Das Gefühl »Der ist ja gar kein Politiker« – soll heißen, keiner von den üblichen intriganten, ehrgeizzerfressenen, großsprecherischen, ewig miteinander streitenden, privilegiengierigen, korruptionsverdächtigen Figuren – dürfte entscheidend zu Vranitzkys immenser Popularität beigetragen haben.
Gerade diese Popularität könnte es ihm aber ermöglichen, gegen oder eher neben den herkömmlichen Machtzentren »mit der Öffentlichkeit zu regieren«. So wie Kreisky.
Vranitzkys Erfolge waren bisher relativ. Ohne ihn wäre alles noch schlimmer gekommen, in der Partei und im Land. Mit ihm hat zwar die SPÖ reichlich Stimmen verloren, aber ohne ihn wäre die Mehrheit weg gewesen. Mit ihm ist zwar das Schicksal der verstaatlichten Industrie nach wie vor in der Schwebe, aber ohne ihn hätten noch immer jene Kräfte Oberwasser, die so weitermachen wollen wie bisher. Auch mit ihm ist Bundespräsident Kurt Waldheim auf die

amerikanische »Watch-list« gesetzt worden, aber ohne ihn hätte das Ausland ein ausschließlich negatives Bild von Österreich. Mit ihm hat zwar auch die Waldheim-Diskussion Österreich in zwei Lager gespalten, aber sein Einfluß auf die politische Kultur des Landes ist mäßigend und maßstabsetzend. Ohne ihn gäbe es so gut wie überhaupt keine Korrektur der wüstesten Exzesse an Engstirnigkeit und abstruser Weltsicht.

Solange das bürgerliche Österreich nicht die (personelle) Kraft aufbringt, die Führungsrolle im Land zu übernehmen, solange wird Vranitzky sein Fast-Monopol auf Modernität, politische Attraktivität und Identifikation mit Österreich immer weiter ausbauen können.

Er wird als das »neue Österreich« empfunden. Ob er dieses Versprechen auch wirklich einlösen kann, ist ungewiß – auch und gerade nach eingehender Beschäftigung mit seiner Persönlichkeit.

Aber das Potential ist da. Franz Vranitzky hat eine Chance – und er ist eine Chance.

Die Wurzeln oder Eine Wiener Arbeiterfamilie

Woher Franz Vranitzky kommt, was er mitbringt und wieviel davon geblieben ist

Franz Vranitzkys Vater war die meiste Zeit seines Lebens Sozialist, kurz aber auch Kommunist. Von wann bis wann genau, weiß auch der Sohn nicht (»Das hat er ein bißchen verschleiert«), aber jedenfalls eine Zeitlang nach dem Krieg. Und es wurde dem halbwüchsigen Sohn bewußt.

Die Wurzeln der väterlichen Familie liegen im Industrieproletariat der Gründerzeit der Monarchie, als die Landbevölkerung aus den Kronländern in die Reichshauptstadt strömte. Der Name Vranitzky ist tschechisch oder polnisch (»vrány« heißt auf tschechisch »Krähen«), vielleicht auch russisch:

»Meine Großmutter väterlicherseits hat mir einmal erzählt, sie habe irgendwo ein Dokument gefunden, wo der Name so geschrieben ist«, sagt der Bundeskanzler und malt ihn in cyrillischen Buchstaben auf. »Die Großmutter hat besser Tschechisch als Deutsch gesprochen. Mein Vater hat schon nicht mehr gut Tschechisch gesprochen, aber immerhin eine leichtere Konversation führen können. Da sind bei mir ein paar Brocken hängengeblieben. Als ich dann später ab und zu zu Verwandtenbesuchen kam, habe ich vorher mit dem Langenscheidt-Wörterbuch gepaukt und mir ›Wie geht es Ihnen‹, ›Guten Tag‹ usw. beigebracht. Das war schon in der Mittelschule.« Wenn sich der Kanzler heute auf Wahlkampftour in Wiener Arbeiterbezirken, wo noch viele tschechischsprechende alte Leute leben, auf eine Diskussion einläßt, kommt er freilich bald in Schwierigkeiten.

Letztendlich sind also die Vranitzkys aus dem Gebiet der heutigen Tschechoslowakei in das rasch wachsende Wien der zweiten Hälfte des 19. Jahrhunderts

gezogen: »Ich glaube, mein Urgroßvater ist schon in Wien geboren. Das waren alles so Wanderarbeiter. Der war, glaube ich, in einer Tierfutterfabrik beschäftigt. Einer war am Wienerberg bei den Zieglern.«
Viktor Adler, einer der Gründerväter der österreichischen Sozialdemokratie, rief als junger Arzt mit seinen Enthüllungen über das Elend der Ziegelarbeiter am Wienerberg das soziale Gewissen seiner Zeitgenossen wach und leitete eine Welle von sozialen Reformen ein (erst 1895 wurde Kinderarbeit unter 14 Jahren verboten, der 11-Stunden-Tag eingeführt).
Vranitzkys Vater, 1907 geboren, 1987 knapp vor seinem 80. Geburtstag gestorben, war Eisengießer und somit Teil der kämpferischen Arbeiterbewegung. In den zwanziger und dreißiger Jahren, als die beiden großen Parteienlager ihre privaten Bürgerkriegsarmeen aufstellten – die Sozialdemokraten den »Republikanischen Schutzbund«, die Christlich-Sozialen die »Heimwehr« – ist Vranitzkys Familie »halt auch im Bannkreis des Schutzbundes gewesen«.
Bei dem traumatischen Ereignis der österreichischen Sozialdemokratie, dem verlorenen Bürgerkrieg gegen das austro-faschistische Regime im Februar 1934, hat Vranitzkys Vater »nicht mitgekämpft, aber er hat ein ganz böses Erlebnis gehabt. Er ist mit einem guten Freund irgendwo in einer Wiener Straße gegangen, und der ist neben ihm erschossen worden.«
Nach dem Schock der Niederlage vom Februar 1934 wandten sich viele österreichische Arbeiter von der zerschlagenen sozialdemokratischen Partei ab und radikalisierten sich. Die einen begannen mit den Nationalsozialisten zu sympathisieren – wie Bruno Kreisky in seinem Erinnerungsband »Zwischen den Zeiten«[1]

[1] Bruno Kreisky: Zwischen den Zeiten. Wien 1986, Kremayr & Scheriau.

schreibt, »aus einer Art Rachsucht, die aus der Niederlage kam. Insgesamt vertrauten sie wohl darauf, daß die Nazis mit dem Dollfuß-Regime aufräumen würden.«
Andere wurden Kommunisten. Vranitzkys Vater »war ein solcher, er ist da hinübermarschiert und dann ziemlich lang dort geblieben. Um es zu illustrieren: Als ich 1970 vom Androsch ins Finanzministerium gerufen wurde, hatte ich eine geraume Zeit mit meinem Vater etliche Debatten, weil er sagte, zu solchen Rechten wie dem Kreisky und dem Androsch geht man nicht.«
Trotzdem, so erinnert sich Vranitzky, habe sein Vater »nicht intensiv versucht, ihn zu politisieren. Man muß sich das so vorstellen: Das war ja nicht ein Intellektuellen-Haushalt. Da war ein Arbeiter, der am Abend heimgekommen ist und seine Ruh' haben wollte. Wir haben nicht heftig diskutiert. Er hat nie gesagt, du mußt einmal ein Roter werden. Das hat sich ohnehin von selber ergeben.«
Aber es war die Zeit der fünfziger Jahre, da in einem Arbeiterhaushalt noch viel gelesen wurde: »Wir hatten diese Widerstandskämpfer-Bücher und wahnsinnig viele Zeitungen. ›Neues Österreich‹, die ›Arbeiterzeitung‹, ›Das kleine Blatt‹, die ›Volksstimme‹, die ›Weltpresse‹. Heute ganz unvorstellbar.«
Mit einem Freund des Vaters hat Vranitzky »sehr viel diskutiert. Der war bis zum Schluß bei der KP, auch ein Eisengießer. Im Krieg war er als Rüstungsarbeiter freigestellt, und die beiden hatten ein Agreement, daß er auf uns aufpaßt, falls dem Vater was passiert. Er hat seine Überzeugung nie aufgegeben, auch als ich schon erwachsen war und mich von bestimmten KP- und Sowjetunion-Angelegenheiten distanziert habe.«
Vranitzkys Vater, der als einfacher Soldat den Krieg

überstanden hatte, mußte wegen eines Arbeitsunfalls – »da ist ihm flüssiges Eisen in die Augen gespritzt« – die Fabrik verlassen und fand eine Anstellung beim Wasserwerk der »roten Gemeinde« Wien. Irgendwann »hat er auch zur Sozialdemokratie zurückgefunden«.
»Er war einer jener Wiener Arbeiter, die bewußt den Ersten Weltkrieg, die Wirtschaftskatastrophen der zwanziger Jahre, die Inflation, den Verlust der Ersparnisse – seine Eltern waren sehr sparsame Leute – miterlebt haben. Die Inflation, das war für ihn das erste Schreckgespenst. Der Verlust des Ersparten war das Trauma. Und schuld daran war der Krupp. Das war ihre Argumentation. Und der Hitler ist ja nur ein Angestellter vom Krupp. Das war tief verwurzelt. Er mußte durch die Krankheit sehr viele Kuren machen und war dann auch ein sehr starker Vertreter des Sozialstaates, die soziale Absicherung war für ihn alles, und natürlich die Vollbeschäftigung. Bevor er gestorben ist im März dieses Jahres, da hat er schon gesagt, was wollen denn die Leute, es ist uns nie so gut gegangen, und die wollen immer mehr und mehr. Für jemanden, der immer in bescheidenen Verhältnissen gelebt hat, für den war einer, der mehr will, als er veressen und vertrinken und aufs Sparbuch legen kann, schon ein Parasit.«
Einfach, asketisch, von natürlicher Würde und selbstverständlicher Humanität: Durch solche wie den Genossen Vranitzky wurde die alte Arbeiterbewegung in ihrer besten Form verkörpert. »Er war auch«, erzählt sein Sohn weiter, »ein ziemlich ausgeprägter Bekämpfer oder Ablehner jeder Art von Fremdenhaß oder Antisemitismus, die es ja bei Arbeitern auch gibt. Da hat er streiten können.«
Seine Frau hatte Vater Vranitzky aus einem kleinen

Dorf im Burgenland geholt: Familie mit sieben Kindern, der Großvater mütterlicherseits war als Kutscher im Dienst beim Fürsten Esterházy. »Meine Mutter war halt eines jener burgenländischen Mädchen, die nach Wien gegangen sind, weil sie zu Hause keine Arbeit gefunden haben. Sie wurde 1910 in jenem umstrittenen ungarischen Grenzgebiet geboren, das dann nach dem Ersten Weltkrieg zu Österreich kam. Sie mußte in der Schule seitenweise Ungarisch auswendig lernen, ohne zu wissen, was sie da sagte. Sie war nicht ungarischer Herkunft.«

Am 4. Oktober 1937 wurde Franz Vranitzky geboren, ein halbes Jahr später kam »der Umsturz« – so nannten die einfachen Leute den Anschluß an Hitlerdeutschland im März 1938 –, ein Jahr später der Krieg.

»Wir waren eine ganz arme Familie – ärmlichst.« Man lebte im 17. Wiener Bezirk, in der Dornbacher Braungasse, in einer Kellerwohnung. Frau Vranitzky erhielt mit Heimarbeiten die Familie (Vranitzky hat noch eine um drei Jahre jüngere Schwester), während der Mann eingezogen war. Auf seltsame Weise wurde Vranitzky erst kürzlich an diese Zeit erinnert, als er in die erste oder zweite Volksschulklasse ging, als ihn im Zuge des Waldheim-Wirbels ein holländischer Journalist fragte, ob sein Vater freiwillig eingerückt sei . . .

»Der Eigentümer des Hauses, in dem wir wohnten, war ein ziemlicher Nazi. Meine Mutter hat eines gespürt – vielleicht mehr instinktiv: daß die Nazis was Schlechtes sind. Sie hat das sicher nicht intellektuell rationalisiert, sie war einfach stark anti-NS. Wir haben auch ein paar Mal ein jüdisches Ehepaar im Keller versteckt. Ich habe das alles ziemlich hautnah miterlebt, und da habe ich eine Haltung entwickelt, die mir geblieben ist und die ich sicher nicht ablegen werde.«

»Wir haben in der Schule – ich war zu klein für die Hitlerjugend – eines Tages so blaue Kappeln bekommen, mit einem Hakenkreuz oben. Meine Mutter hat gesagt, das ist ein sehr praktisches Kappel, aber das Hakenkreuz paßt nicht, das schneiden wir heraus. Da hat die Mutter in die Schule gehen müssen und ist vom Direktor fürchterlich angeschrien worden, aber sie hat sich in ihrer Naiv-Überzeugung so zur Wehr gesetzt, daß die dann gesagt haben, verschwinden Sie, wir wollen Sie nicht mehr sehen.«
In einem sehr aufnahmefähigen Alter lernte der Bub auch erstmals die kleinen Wiener Miesheiten kennen, die in jener Zeit so besonders blühten: »Die haben natürlich gewußt, wie diese winzige Arbeiterfamilie politisch denkt. Und das hat man auch gespürt. In den Luftschutzkellern war es weit hinten sicherer. Da war es natürlich ganz klar, daß wir vorne bei der Tür sitzen mußten.«
Vranitzkys Mutter war sehr religiös – »vom Land her« –, und so entstand eine nicht ganz alltägliche Situation. Der Vater war evangelisch, die Mutter katholisch. So blieb es auch nach der Verehelichung. Doch obwohl der Mutter etwas an der Religion lag und dem Vater nicht, wurden die Kinder nach dem Vater evangelisch getauft. »Da hat die Mutter irgendwann einmal gesagt, wenn der Vater aus dem Krieg zurückkommt, dann müssen die Kinder katholisch werden. Ich wurde dann also im achten oder neunten Lebensjahr getauft, bin auch noch oft in die Kirche gegangen, eine gewisse Zeit haben sie mich zu den Ministranten gegeben. Da wurde ich aber wegen eines Raufhandels wieder hinausgeworfen.«
Viel später in seinem Leben ist für Vranitzky die Religion dann noch einmal wichtig geworden, und zwar wieder auf eine vertrackte Weise. Im November 1986,

also in der Schlußphase des letzten Wahlkampfes, deckte das Nachrichtenmagazin »Wochenpresse« auf, daß Vranitzky im Herbst 1984, damals gerade frischgebackener Finanzminister, aus der katholischen Kirche ausgetreten, dann aber im Sommer 1986, soeben zum Kanzler avanciert, wieder eingetreten war.
Die »Wochenpresse« knüpfte daran allerlei süffisante Betrachtungen, konnte den Kanzler aber – wie in allen privaten Angelegenheiten – nicht zu einer Stellungnahme bewegen. Vranitzky hat auch »noch nie mit jemandem darüber gesprochen, das ist sehr persönlich«. Obwohl es eigentlich »nichts Sensationelles« sei: »Ich gehe nie in die Kirche, meine Frau geht nie in die Kirche, meine Kinder gehen nie in die Kirche – da hab ich mir gedacht, einen konsequenten Schritt zu setzen. Dann hat aber meine Frau beziehungsweise die Familie meiner Frau zu bereuen begonnen, es gab eine große Versammlung . . .«
Und unter dem Eindruck des Familienrats wurde der Schritt wieder rückgängig gemacht. Die Episode zeigt einerseits die Rolle, die die Familie – auch die weitere Familie – offenbar im Leben des Bundeskanzlers spielt, und andererseits, daß in diesem Leben nicht alles kühle Planung und Überlegung ist.
»Ich war da zwischen gesellschaftlichen Konventionen hin und her gerissen. Aber es ist eine Lehre für mich. Man handelt ohnehin oft genug unklug, aber nicht ein jeder Fall ist dann ein so ungewöhnlicher wie dieser.«
Österreich ist ein Land der Taufschein-Katholiken. 90 Prozent gehören zur katholischen Kirche, aber nur knapp 10 Prozent davon sind als ausübende, aktive Christen anzusehen. Die Erklärung der »Wochenpresse«, Vranitzky habe aus politischem Opportunismus gehandelt – zuerst der Austritt, um sich als

»Quereinsteiger« in der SPÖ etwas mehr proletarische Beglaubigung zu verschaffen, oder gar, um Kirchensteuer zu sparen, dann der Wiedereintritt, weil im Präsidentschaftswahlkampf 1986 der Austritt des SP-Kandidaten Kurt Steyrer ein Wahlkampfthema wurde –, greift zu kurz oder überhaupt daneben. Weder der Austritt noch der Eintritt hätte Vranitzky politisch etwas gebracht. Etliche prominente SPÖ-Politiker, darunter so relativ weit links stehende wie Karl Blecha, machen aus ihrem Katholizismus keinen Hehl. Umgekehrt mußte Vranitzky doch damit rechnen, daß ihm sein Wiedereintritt in der heißesten Phase des Wahlkampfes als Heuchelei ausgelegt würde. Die Wahrheit dürfte in der Formulierung »zwischen gesellschaftlichen Konventionen hin und her gerissen« zu suchen sein: Vranitzky wollte einerseits kein Taufschein-Katholik sein, andererseits – so ganz mit der Kirche brechen wollen auch die sehr weltzugewandten Österreicher (und besonders die Österreicherinnen) doch nicht.

Inkonsequenz und Unentschlossenheit gehört freilich nicht zum Bild, das sich die Öffentlichkeit von Franz Vranitzky macht. Im Selbstbild scheint er das Vorhandensein dieser Charakterzüge aber zu akzeptieren, obwohl sie für einen Politiker als schädlich gelten: »Jemand, der in der Öffentlichkeit aufzutreten hat, der hat ein unterschwelliges Sicherheitsbedürfnis, der will sich keine Blöße geben. Aber ich meine, daß man sich am wenigsten eine Blöße gibt, wenn man der ist, der man ist.« Da müsse man eben seine Schwächen einbringen und in Kauf nehmen, daß man kritisiert wird.

Das Verbleiben des halbwüchsigen Vranitzky im kirchlichen Milieu war freilich nicht von langer Dauer. Endgültig ausgetrieben wurde ihm die Bezie-

hung zur Religion – wie so vielen Jugendlichen – durch die in Österreich damals noch weitverbreitete Gewaltbekehrung durch die Erzieher: »Unser Klassenvorstand in der Mittelschule war ein CVler (»Cartellverband« – Organisation des politischen Katholizismus – Anm. d. Autors). Einer, der in einem Priesterseminar aufgewachsen ist, dann aber weltlich wurde. Sein sehnlichster Wunsch war es, daß ›alle seine Buben‹ zum CV kommen. Natürlich habe ich mich dort nicht hinbegeben.«
Für ein Arbeiterkind war es damals nicht selbstverständlich, in die Mittelschule (= Gymnasium, heute »allgemeinbildende höhere Schule«) gehen zu dürfen. Der Volksschullehrer hatte dem Vater empfohlen, den begabten Buben aufnehmen zu lassen, und so geschah es, »ohne besondere Diskussion«.
Auch ohne besondere Diskussion ging diese Entscheidung »irgendwo zu Lasten der Ausbildung meiner Schwester«. Die konnte dann aus materiellen Gründen eben nicht in die Mittelschule gehen, sondern nur in die Hauptschule, bekam auch keine Berufsausbildung, sondern ging unmittelbar nach der Hauptschule in eine Schuhfabrik. Erst in späteren Jahren holte sie ihre Ausbildung nach und ist heute Kindergärtnerin. Womit dieses kleine Beispiel der Zurücksetzung der Frau auch im alten sozialistischen Milieu (das an sich stark vom Emanzipationsgedanken geprägt war) noch ein befriedigendes Ende gefunden hat.
Mathematik hat der zukünftige Volkswirtschaftler und Banker »nicht besonders gemocht«, die Note »Befriedigend« war schon ein ganz guter Erfolg. In Latein war er sehr viel besser, und es hat ihn »auch angesprochen, weil es eine ziemlich logische und wohlstrukturierte Sprache ist. Mich auf eine Physik-Prüfung vorzubereiten war eine Anstrengung, da

habe ich mich zwingen müssen. Eine Lateinstelle zu übersetzen war keine Anstrengung.«
Vranitzky blieb alle acht Jahre bis zur Matura im Gymnasium Geblergasse im 17. Bezirk, in den Ferien arbeitete er am Bau oder beim Paketdienst der Post – schwere körperliche Arbeit, »wie sie damals eigentlich üblich war unter Schülern und Studenten meiner Herkunft«. In Latein und Englisch war er gut genug, um Nachhilfestunden zu geben.
Daß er studieren würde, war auch ohne besondere Diskussion klar. Was aber studierte ein Arbeitersohn Ende der fünfziger Jahre? Mit welchem Berufsziel? Der höhere Staatsdienst war die Domäne der Bürgersöhne, ebenso die Justiz oder die Medizin, größtenteils auch die Lehrberufe. Natürlich waren da noch die sozialwissenschaftlichen Fächer für junge Intellektuelle mit politischen Ambitionen. Aber für einen intelligenten jungen Mann aus der Unterschicht mit herkömmlichen Vorstellungen von einer Berufskarriere bot sich hauptsächlich entweder ein technisches Studium an (wie für den Montanisten und heutigen Verstaatlichtenminister Rudolf Streicher) oder ein wirtschaftliches. Franz Vranitzky wählte die damalige Hochschule für Welthandel. Wie Hannes Androsch, aber auch wie die »Linken« Ferdinand Lacina (zuerst Verstaatlichtenminister, heute Finanzminister) oder Oskar Grünwald (zuerst ÖIAG-Vorstandsvorsitzender, jetzt Vorstandsmitglied).
Die Hochschulen waren damals vom CV, von den schlagenden Verbindungen und vom weit rechts stehenden »Ring freiheitlicher Studenten« (RFS) dominiert. Die Hochschullehrer waren katholisch-konservativ oder schlicht und einfach oberflächlich »entnazifizierte« Überbleibsl des Dritten Reichs. Die vertriebene geistige Elite – jüdisch und nichtjüdisch – zu-

rückzuholen, hatte Österreich verabsäumt, mit entsprechenden Folgen für den Geist und das Niveau an den Universitäten. Der RFS hatte 33 Prozent bei den Wahlen zur Hochschülerschaft, der »Verband Sozialistischer Studenten Österreichs« (VSSTÖ) 11 Prozent.

Die bekannten Figuren des von wilden Kämpfen zwischen den Linken und den Rechten (»Androsch-Partie«) gezeichneten VSSTÖ hießen Hannes Androsch, Beppo Mauhart, Franz Bauer (Androschs späterer Teilhaber in der berühmten »Consultatio«), Erich Schmidt (später kurz Landwirtschaftsminister im ersten Kabinett Vranitzky), Ferdinand Lacina oder Albrecht Konecny (früher AZ-Herausgeber).

Franz Vranitzky war in losem Kontakt, spielte aber keine Rolle in der Studentenpolitik: »Ich habe ja durch das ewige Nebenverdienen und das ewige Basketballspielen mich nicht sehr viel darum gekümmert. Natürlich war ich eindeutig ausgerichtet. Ich habe gewußt, daß es den VSSTÖ gibt, habe den Grünwald und ein paar andere Leute gekannt. Aber mehr nicht.«

Der Aufstieg oder Bank und Politik

Wie ein junger Wirtschaftstheoretiker zum Praktiker der Macht wurde

Wäre Franz Vranitzky nicht Bundeskanzler geworden, dann vielleicht internationaler Vermögensberater.

»Es gibt da einen Mann, der verwaltet bedeutende Geldmengen in Österreich. Das ist der ehemalige Finanzchef von Funder (ein bekannter Industriebetrieb, der Pleite machte – Anm. d. A.). Der verwaltet privates Vermögen – ich glaub, so ungeschickt nicht. Er bietet da einen Wald in der Steiermark an und dort eine Liegenschaft in New York. Ich meine jetzt eine wirklich aktive Vermögensverwaltung und nicht nur Geld auf die Bank legen. Ich glaube, da kann man viel bewegen. Man muß natürlich sehr viel persönliches Vertrauen in so etwas einbringen können.«

Beim Gespräch über dieses Thema am Wiener Ballhausplatz entwirft Vranitzky mit ein paar kurzen Strichen die gedankliche Skizze einer internationalen Finanz-Holding, »die wirtschaftlich Komplementäres, Passendes zusammenführt«: Ausschau halten nach einer interessanten kleinen Firma, die gerade eine neue Technologie entwickelt hat, aber Überbrückungskapital braucht. Oder auch nur ein Prozent an einer Gruppe erwerben, damit man jederzeit den Informationszugang hat, wenn neue Projekte entstehen und ob man sich dort beteiligen kann – »in Uruguay oder in Malaysien. Meine alten Spezln von den Banken sind auch zum Teil in der Vermögensverwaltung. Ich hätte versucht, so etwas aufzubauen, wenn ich geblieben wäre.«

So fliegen die Gedanken weg aus dem Kanzlerzimmer, an einem Tag, der arm an Erfolgserlebnissen und reich an den vielen kleinen Ärgernissen der Politik ge-

wesen sein dürfte. Franz Vranitzky ist gut vorstellbar, wie er als Berater einem österreichischen Unternehmen hilft, den richtigen Partner in den USA zu finden, oder für die staatliche ÖMV eine interessante Beteiligungsmöglichkeit für ihre Überschüsse sucht. Selbstverständlich für schweres Geld, aber das wäre nicht die Hauptsache dabei. Wichtig wäre das Großzügige, Internationale daran, die Möglichkeit, eine Titelgeschichte im deutschen »Kapital« oder noch besser im »Manager Magazin« zu bekommen.
Vielleicht kommt es noch so. Es hat schon einen Bankdirektor gegeben, der zuerst in die Politik ging, sie wieder verließ und dann eine dritte, höchst erfolgreiche Karriere als Konzern-Manager machte. Er heißt Josef Taus, war Generaldirektor der Girozentrale, dann Obmann und Kanzlerkandidat der Volkspartei und ist jetzt Chef des Turnauer-Konzerns. Taus kommt wie Vranitzky aus einfachem Milieu, wenn auch dem christlich-sozialen. Hier enden allerdings die Parallelen, denn Taus hat seine einzige Nationalratswahl (1979, gegen Kreisky) haushoch verloren. Und er war nie auch nur annähernd so beliebt wie Vranitzky.
Fazit: Vranitzky hätte vielleicht Schwierigkeiten, sich selbst als Eigentümer-Unternehmer zu sehen, obwohl ja solche »Empire-Builder«, wie im »Wall Street Journal« nachzulesen ist, oft von ziemlich weit unten kommen. Aber als Manager beim Imperium-Erbauen mittun, sozusagen als angestellter Empire-Builder, das fände er nicht abwegig.
Für den fertigen Diplomkaufmann des Jahres 1960 ging es freilich zunächst einmal darum, eine Anstellung zu bekommen. Was er dann auf ein Inserat fand, war so ziemlich das Gegenteil von Empire-Building: Kostenrechnung bei Siemens-Schuckert in Wien.

Dort blieb er allerdings nicht lange: Die Arbeit war Vranitzky zu öd. Es fügte sich, daß er mit dem damaligen stellvertretenden Generaldirektor der Oesterreichischen Nationalbank, Stefan Wirlandner, in Kontakt und so in die österreichische Notenbank kam. Und natürlich in die Partei: Vranitzky ist seit dem 1. Februar 1962 Mitglied, 1987 also 25 Jahre.

Wirlandner legte großen Wert auf Auslandserfahrung seiner Mitarbeiter. Vranitzky verbrachte ziemlich viel Zeit in den USA, aber auch bei der Bank von England und in den Niederlanden beim Zentralplanbüro (»das war damals das Mekka der Ökonometrie«), lernte die neueren Richtungen der volkswirtschaftlichen Theorie kennen: Geldmengenpolitik, Geldstromrechnungen und ähnliche Hervorbringungen des wirtschaftswissenschaftlichen Elfenbeinturms. Nach relativ kurzer Zeit wurde der tüchtige junge Mann, der dann zum Diplomkaufmann auch den Doktortitel erwarb, dem Vizepräsidenten der Nationalbank weitergereicht: Andreas Korp, ein Monument der alten Sozialdemokratie. »Es war eine sehr anregende und produktive Zeit für einen jungen Volkswirtschaftler« – auch deshalb, weil damals – 1967 bis 1969 – Bruno Kreisky, der neue Vorsitzende der Oppositionspartei SPÖ, seine berühmten »1 400 Experten« aufrief, das Bild eines neuen, modernen Österreichs zu entwerfen.

Aber Vranitzky machte sich nicht nur theoretisch um die Partei verdient. Gemeinsam mit Heinz Kienzl, dem Gewerkschafter und Berater des ÖGB-Präsidenten Anton Benya, baute er in der Nationalbank – die im Zeichen der großen Koalition noch gründlicher durchpolitisiert worden war als alle anderen staatlichen Institutionen – die SP-Organisation auf. »Die wahre Stärke der Sozialdemokratie sind die Betriebsgruppen«, doziert heute der rote Veteran Kienzl. Und

da habe sich eben der junge Vranitzky außerordentlich aktiv hineingeworfen, organisiert, neue Mitglieder gekeilt, Schulungsabende gehalten. »Wie es halt so in einer Betriebsorganisation zugeht . . .«
Das gehört in der SPÖ eben einfach dazu. Vranitzky als treuer Parteisoldat? Das Bild stimmt nicht ganz. Eher schon als Oberleutnant im Generalstab (beim echten Militär brachte es der spät – 1964 – eingerückte Vranitzky nur bis zum Funker).
Als wirtschaftspolitischer Stabsoffizier wurde Vranitzky dann in ein anderes, näher zur wirtschaftspolitischen Front gelegenes Hauptquartier versetzt. 1970 hatte Bruno Kreisky gegen die Alleinregierung Josef Klaus die Wahlen gewonnen (nicht zuletzt mit dem von den »1 400 Experten« getragenen Versprechen, Österreichs Wirtschaft »europareif« zu machen). Der neue Finanzminister, der 32jährige Hannes Androsch, benötigte dazu einen Stab von gleichgesinnten Mitarbeitern.
Heinz Kienzl konnte ihm helfen und bot ihm Franz Vranitzky an. Die nicht sehr intensive Bekanntschaft aus den Tagen an der Hochschule für Welthandel wurde erneuert, die Nationalbank stellte Vranitzky an das Finanzministerium ab, und am 1. Dezember 1970 hatte Androsch einen neuen volkswirtschaftlichen Berater und Sekretär.
Es folgten sechs sicherlich prägende Jahre. Vranitzkys Verhältnis zu Androsch ist ein eigenes Kapitel. Als solches wird es auch in diesem Buch behandelt.
Vorweg nur soviel: Herbert Salcher, der – wegen Androsch – entlassene und durch Vranitzky ersetzte Finanzminister der Regierung Sinowatz meinte in seiner Verbitterung nach Vranitzkys Aufstieg zum Kanzler, »nun gehe es nur mehr um die Hackordnung inner-

halb des Androsch-Clans«. Das beschreibt das Verhältnis der beiden aber nicht richtig. Den Androsch-Clan – eine Gruppe von Männern in wirtschaftlichen Positionen, die miteinander trinken, Tennis spielen und sich gegenseitig protegieren – gibt es. Vranitzky hat sich sicherlich lange in diesem Kreis bewegt – aber mit wachsender innerer Distanz. Die vulgär-männerbündlerische Seite dieser Kumpanei widerstrebte seinem auf Wahrung des Dekorums ausgerichteten Wesen. Heute hat Vranitzky den Androsch-Clan geistig weitgehend verlassen. Die Frage ist, ob Androsch das innerlich akzeptiert hat.

Wirtschaftspolitisch sind Vranitzky und Androsch freilich auch heute noch weitgehend auf einer Wellenlänge:

Abbau, aber nicht völliger Abbau der Rolle des Staates in der Wirtschaftspolitik, weg mit der Subventionsmentalität, Wettbewerbsfreundlichkeit, auch Unternehmerfreundlichkeit, die Gewinnorientierung als Prinzip (gerade bei der Staatsindustrie), kritisches In-Frage-Stellen von manchen »sozialen Besitzständen«, keine Ausweitung des Steuerdrucks.

Die Androsch-Mannschaft verband nicht ausschließlich, nicht einmal überwiegend reine Kumpanei, sondern ein Gleichklang der wirtschaftlichen Überzeugungen. Was nichts an den Motiven ändert, aus denen Hannes Androsch den 39jährigen Vranitzky 1976 als zweiten Mann in die CA schickte.

Die größte verstaatlichte Bank Österreichs war damals eine wankende Bastion der Bürgerlichen. Noch herrschte der grandseigneurale Heinrich Treichl mit seinem britischen Habitus über das Institut, aber die Spannungen mit Androsch waren schon sehr stark.

Selbstverständlich war – und ist – auch die CA in das allgegenwärtige österreichische System der Machtaufteilung eingespannt, selbstverständlich war auch der Vorstand der Bank nach schwarz und rot aufgeteilt. Als daher durch Erkrankung ein sozialistischer »Erbsitz« im Vorstand frei wurde, »war das für den Androsch ein sehr willkommener Anlaß, einen Mann seines unbedingten Vertrauens da hineinzusetzen«, erinnert sich der inzwischen pensionierte Treichl heute. Androsch, der Mechaniker der Macht, wertete seinen Vertrauensmann gleich auf. Treichl: »Er war sicher nicht sehr belastet durch besonderen Respekt vor dem Aktiengesetz und hat mir immer gesagt, warum halten Sie sich mit den beiden anderen (sozialistischen Vorstandsmitgliedern, Anm. d. A.) auf, machen Sie das mit dem Vranitzky. Er hat gemeint, der Dialog mit dem Vranitzky würde völlig genügen.«

Im Haus hatte sich diese Sonderstellung des neuen Mannes anfangs offenbar noch nicht herumgesprochen. Vranitzky erzählt heute noch gern die Geschichte seines ersten Tages in der CA: wie er zunächst einmal an seinem leeren Schreibtisch auf Arbeit wartete, wie er sie schließlich anforderte und wie die grauen Sekretärstypen der mittleren Ebene völlig konsterniert waren, als er die von ihnen längst zur vollendeten Tatsache zurechtadministrierten Geschäftsfälle nicht blind unterschrieb, sondern sich zuerst selbst ein Bild machen wollte . . .

Treichl: »Vranitzky hat sich meines Erachtens sehr loyal und vernünftig verhalten. Er hatte den Vorteil einer sehr guten Grundausstattung mit wirtschaftspolitischen Kenntnissen, vielleicht am wenigsten ausgestattet war er mit praktischer betriebswirtschaftlicher Erfahrung. Er hat auch von der Geschäftsverteilung her keine ungeheuer ergiebigen Ressorts gehabt. Die meisten Entscheidungen waren auch sachbezogen vorgegeben. Wenn ein intelligenter Mensch einen

Kredit beurteilt, wird die Entscheidung eines Sozialisten kaum anders aussehen als die eines Bürgerlichen. Ich glaube, er war ein Beobachter, der sicher auch dem Androsch berichtet hat.«
Die Vermutung, daß Vranitzkys vier Jahre in der CA eine »Lehrzeit« gewesen seien, findet Treichl »sehr hart«. Die Buschtrommel der Banker meldete damals allerdings, Vranitzky habe sich in einem Fall böse hineinlegen lassen. Es ging um eine der vielen Pleiten der Gemeinde Wien. Die Stadtväter versteiften sich auf ein völlig unerprobtes System der Müllaufarbeitung, das sogenannte Rinter-Zelt. Eine finanzielle Beteiligung der CA kam nach einem Gespräch zwischen Vranitzky und dem Finanzstadtrat Mayr zustande, der zusicherte, das mit dem Projekt verbundene Risiko übernehme die Gemeinde Wien. Diese Zusage wurde – immer laut Fama – nicht eingehalten, als das famose System nicht funktionierte. Die CA entschloß sich, ihren Anteil am Verlust zu schlucken, um ihre Beziehungen zur Stadt nicht zu belasten.
Wirklich nachvollziehbar ist die Geschichte nicht mehr, aber interessant ist ein Punkt: Zumindest ein Hauptbeteiligter bestätigt heute, daß Vranitzky bereit gewesen wäre, gegen seine Parteifreunde im Rathaus als Zeuge vor Gericht auszusagen.
Die wahre Bewährungsprobe war die CA für Vranitzky trotzdem nicht. Die kam erst als Folge zweier großer politischer Erschütterungen der Ära Kreisky. Und wieder ging es dabei um Androsch, zuerst direkt, dann indirekt.
Ende der siebziger Jahre hatte sich das Verhältnis zwischen Bruno Kreisky und seinem »Ziehsohn« entscheidend verschlechtert. Dafür gab es sachliche Gründe, tiefe Auffassungsunterschiede in der Währungs- und Wechselkurspolitik, selbstverständlich das

Zerwürfnis wegen Androschs persönlicher Vermögensgestaltung, und es war auch so, daß – wie es Vranitzky ausdrückt – »Kreisky bestimmte Aspekte in der öffentlichen Präsentation gestört haben. Androsch ist ein sehr extrovertierter Mann, der mit seiner Intelligenz und seiner brillanten Auffassungsgabe Gesprächspartner sehr rasch beeindruckt, vielleicht sind hier bestimmte psychologische Kräfte freigeworden.«
Vielleicht war es aber auch bloß, daß man Kreisky hinterbrachte, Androsch habe zu vorgerückter Stunde im Kreise des Clans auf einer Papierserviette bereits das Kabinett Androsch zusammengestellt. Jedenfalls setzte Kreisky mit einer ungeheuren Kraftanstrengung Androschs Ablöse als Vizekanzler und Finanzminister durch. Am liebsten hätte er den Verhaßten ganz auf den Inhaber einer Steuerberatungskanzlei reduziert. Aber Androsch hatte zu viele Freunde, vor allem den ÖGB-Chef Benya, und so wurde Hannes Androsch im Jänner 1981 in der CA installiert, zunächst einmal als Vorsitzender-Stellvertreter. Der bisherige Vorsitzende-Stellvertreter Franz Vranitzky räumte brav seinen Platz und ging – als zweiter Mann, aber mit klarer, absehbar kurzer Anwartschaft auf die Position des ersten – in die Länderbank.
Das ist die zweite verstaatlichte Großbank Österreichs, halb so groß wie die CA, aber (damals) mit doppelt so großen Problemen.
Heinrich Treichls retrospektive Einschätzung der Lage: »Ich habe das nicht mehr aus solcher Nähe erlebt, weil ich ja dann in Pension gegangen bin (im Sommer 1981, worauf Androsch an die Spitze der CA rückte, Anm. d. A.), aber mein Eindruck war, daß Vranitzky in der Länderbank sehr wohl von seinen Vollmachten Gebrauch gemacht hat. Die Länderbank war wirklich in einem Führungschaos. Oder in einer

Nicht-Führung. Er hat sich da sehr rasch als führender Mann durchgesetzt und dem Institut rasch ein anderes Profil gegeben.«
»Sein Stil war eleganter, weniger bieder. Die Länderbank war zu dieser Zeit, sehr hart ausgedrückt, eine Mischung aus Bürokratismus und Vulgarität. Das hat er sicher abgebaut.«
Resümee: »Als Nummer eins in der Länderbank hat der Vranitzky gezeigt, daß er auch stilprägend sein kann.«
Bevor man auf Vranitzkys Leistungen in der Länderbank eingeht, wäre noch eine Frage zu klären: Was hat er sich eigentlich so gedacht, als er höchst unzeremoniell seine Position in der CA räumen mußte, nur weil man für den in Ungnade gefallenen Androsch eine adäquates Fangnetz brauchte? Konnte er sich nicht selbst gewisse Hoffnungen auf den Generaldirektor in der CA machen? Regte sich gar kein Ressentiment?
Nicht, wenn er eine nüchterne Rechnung anstellte. Eine Chance auf den Chefposten der CA hätte er wohl nur gehabt, wenn Androsch im Kampf mit Kreisky obsiegt hätte und Bundeskanzler geworden wäre. Das aber war aus den verschiedensten Gründen nicht drin (eineinhalb Jahre zuvor hatte Kreisky eine noch größere absolute Mehrheit und damit das beste Wahlergebnis der Zweiten Republik errungen). Einerseits war also die Zeit nicht reif. Und andererseits hatte der 43jährige Banker andere Sorgen. In der Länderbank ging es nicht nur um den Stil, sondern ums Überleben.
Vranitzkys Vorgänger hatten sich in unfaßbar leichtfertiger Weise auf Kreditengagements eingelassen, die nun zum ersten Bankzusammenbruch der Zweiten Republik zu führen drohten. Wieder spielte die Poli-

tik, wieder spielte Kreisky eine auslösende Rolle. Bei mindestens einem, dem größten der drei Mühlsteine um den Hals der Länderbank, bei der Elektronikfirma Eumig, hatte Kreisky seinen ganzen Einfluß geltend gemacht, um das ausgehöhlte Großunternehmen mittels Kreditspritzen am Leben zu erhalten.
Die Folge war, daß die Länderbank (auch wegen anderer Pleiten – Klimatechnik, Funder) mit Staatshilfe vor dem Zusammenbruch gerettet werden mußte.
Es waren insgesamt mehr als vier Milliarden an Krediten in den Rauchfang zu schreiben. 1,6 Milliarden deckte die Länderbank aus eigenen Reserven ab. Für den Rest übernahm der Bund die Haftung, um die internationale Kreditwürdigkeit der Bank zu erhalten. Nach Aussage der Länderbank wurde aber diese Haftung bisher nicht in Anspruch genommen, so daß aus diesem Titel keine Gelder an die Bank flossen.
Dieser erste Sanierungsschritt reichte aber nicht aus, weil – so die Erklärung der Länderbank damals – wohl der Ausfall der Kredite, nicht aber der Ausfall der Zinsen daraus zu verkraften sei. Denn die Bank mußte ja ihrerseits Zinsen für aufgenommene Gelder bezahlen.
In einer zweiten Sanierungsphase wurde daher ein Modell gefunden, wonach der Staat der Bank den Zinsenentgang ersetzt, und zwar maximal 25 Jahre, bei entsprechender Ertragslage weniger lang. Bisher hat die Länderbank über eine Milliarde aus diesem Titel erhalten, wie lange das noch dauert, ist fraglich. Vranitzky hat jedenfalls seinerzeit ein Computermodell erstellen lassen, wonach die Bank den Zuschuß 12 Jahre benötigt. Da derzeit jährlich zwischen 220 und 300 Millionen zugeschossen werden, wären das im Endeffekt über drei Milliarden.
Vranitzkys Kritiker fahren daher auch mit dem Argu-

ment auf, es sei keine Kunst gewesen, die Bank mit Milliardenzuschüssen zu sanieren. Er kontert, die wirkliche Leistung sei gewesen, zunächst die internationalen Partner der Bank, die von den in Wirklichkeit weit komplizierteren Stützungskonstruktionen wenig verstanden, von der Kreditwürdigkeit zu überzeugen und so einen Vertrauenszusammenbruch zu verhindern: »Das ist ein großer Blödsinn, daß mir der Salcher eh alles bezahlt hätte.« Außerdem war die chaotische, demoralisierte Länderbank so zu reorganisieren, daß wieder Erträge erwirtschaftet werden konnten. Das ist Vranitzky allem Anschein nach gelungen.
Wie erfolgreich Vranitzky die Ertragsfähigkeit der Bank verbessert hat, hätte man aber nur dann gerecht beurteilen können, wenn er dort geblieben wäre, um das programmgemäße oder nicht programmgemäße Eintreten seiner Computervorhersage abzuwarten. Grundsätzlich kann man jedoch davon ausgehen, daß auch der genialste Bankmanager bei diesem enormen Forderungsausfall ohne Zuschuß nicht ausgekommen wäre.
Bevor Vranitzky sich jedoch an die Reorganisation der Länderbank machen konnte, hatte er seine erste Entscheidung von großer politischer und menschlicher Tragweite zu treffen: Eumig, mit mehr als 2 000 Arbeitsplätzen, die persönliche Herzensangelegenheit von Bruno Kreisky, konnte nicht mehr weiterfinanziert werden. Es war eine Sache, dies Kreisky klar zu machen. Aber als Vranitzky den »Alten« 1981 in seinem Kurort Bad Wörishofen anrief, hatte er seinen Fall so wasserdicht präpariert, daß auch der oberste Arbeitsplatzschützer seinen gefürchteten Zorn im Zaum halten mußte. Zum ersten Mal hatte sich Vranitzkys Methode bewährt, heikle politische Fragen nur nach bestmöglicher Absicherung zu entscheiden.

Es war aber eine andere Sache, die rationale Entscheidung emotional zu verarbeiten. Während »profil« damals vom »eiskalten Technokraten« schrieb, erinnert sich Vranitzkys Frau Christine: »Das waren schon irrsinnig belastende Zeiten für ihn: nächtelang nichts schlafen, sich quälen, was mache ich da mit der Eumig? Ich bin der erste, der Arbeiter entläßt. Ich bin der erste, der sagt: ›Schluß‹. Trotzdem hat er gewußt, das muß sein. Das war wirklich arg. Denn er ist ja in Wahrheit nicht der total Harte, sondern er ist ein ganz weicher Mensch.«

Dieses Thema wird noch zu vertiefen sein. Aber wie hat »ein ganz weicher Mensch« dann diese Führungslosigkeit einer Großbank bewältigen können?

Das Wirtschaftsmagazin »trend« wählte Vranitzky wegen der »Wiedergeburt der Länderbank« 1984 zum Mann des Jahres, und zwar ausdrücklich wegen der »sanften« Wiedergeburt. Sanft, hinter herabgezogenen Vorhängen und geschlossenen Polstertüren erneuerte er die personelle und organisatorische Innenausstattung. »Das soll aber nicht heißen«, ließ »trend« damals einen anonymen Insider zu Wort kommen, »daß Vranitzky zu feige oder zu schwach wäre, solche Sachen notfalls im Handstreich zu erledigen. Er ist nur Weltmeister im Vermeiden von Risken. Er geht aus Prinzip nicht auf Konfrontation.«

Im Gespräch für dieses Buch ergänzt Max Kothbauer, damals Vranitzkys Sekretär in der Bank, heute sein Kabinettchef am Ballhausplatz: »In der Bank hat er ein paar sehr schwere Entscheidungen getroffen. Beim Rest war er sehr, sehr geduldig. Er behandelt Leute überhaupt nie schlecht.«

Eine – denkbare – Haftungsklage gegen seine Vorgänger und Verursacher des Länderbank-Fiaskos hat Vranitzky auch aus diesem Motiv nicht verfolgt

(hauptsächlich aber wegen der Image-Folgen eines langen Prozesses für die Bank).
So hatte sich Vranitzky per Saldo doch als Sanierer für höhere Aufgaben empfohlen. Sogar Kreisky spielte mit dem Gedanken, ihm ein Staatssekretariat (für die verstaatlichte Industrie) anzubieten. Gefallen hatte den Politikern das geringe Aufsehen, mit dem er Massenkündigung und Zusperren durchführte und vor allem, rastlos reisend, einen ruinösen Vertrauensverlust der Länderbank bei den ausländischen Partnerbanken vermied.
Diese stille Effizienz hätte man gerne auch für die zerrütteten Staatsfinanzen gehabt. Als daher Kreisky nach den Wahlen 1983 wegen des Verlusts der absoluten Mehrheit (und seiner schweren Nierenerkrankung) zurücktrat, dachte Fred Sinowatz schon an Vranitzky als Finanzminister in der SPÖ/FPÖ-Regierung. Sinowatz heute: »Er wäre bereit gewesen, wenn auch mit dem Hinweis, daß er nicht unmittelbar eine politische Karriere anstrebt.« Aber Kreisky, der damals noch die Regierungsbildung bestimmte, wollte seine Erfindung Herbert Salcher behalten, und auch Benya setzte sich für Salcher ein, und Sinowatz fügte sich vorläufig, »wobei ich Vranitzky nie im unklaren gelassen habe, daß ich ihn einmal wieder vorschlagen werde. 1984 habe ich dann nur noch gesagt: Es ist soweit.«
Sinowatz versuchte damals mit einer größeren Regierungsumbildung (Ferdinand Lacina wurde Verstaatlichtenminister) das Abtrudeln seiner glücklosen kleinen Koalition zu stoppen. Es gelang nicht.
Sinowatz deutet heute an, daß ihm spätestens nach dem VOEST-Debakel vom Herbst 1985 und dem darauf folgenden Absturz der SPÖ in den Meinungsumfragen hinter die ÖVP erstmals der Gedanke kam,

Vranitzky als neuen Spitzenmann und Retter der Sozialdemokratie zu präsentieren.

»Die VOEST hat der SPÖ Monat für Monat konstant vier bis fünf Prozentpunkte gekostet. Ich bin kein Sesselkleber, und ich habe mich auch nicht zum Amt des Bundeskanzlers gedrängt. Das Teuflische ist: Was an Problemen lösbar ist, das wird ohnehin irgendwo gelöst. Nur das Unlösbare kommt zum Bundeskanzler.«

Vranitzkys Ruf war intakt, obwohl seine – vorhandenen – Erfolge als Finanzminister jedenfalls nicht auf dem Gebiet der Budgetsanierung lagen. Den Ausschlag gab der Wahlsieg Kurt Waldheims im zweiten Wahlgang am 8. Juni 1986, den Sinowatz völlig zu Recht als seine persönliche Niederlage empfand: »Die Partei hat gar net so lang Zeit zum Nachdenken gehabt« – am 9. Juni war Vranitzky designierter Bundeskanzler, am 16. Juni wurden er und seine neue Regierung vom damals noch amtierenden Bundespräsidenten Kirchschläger angelobt.

Sinowatz hatte seine größte politische Leistung vollbracht. Ohne Rücksicht auf sich selbst hatte er der Partei die Weichen für die Zukunft gestellt: »Die klassische Arbeiterpartei gibt's nicht mehr. Wir müssen heute in die breite soziale Mitte gehen. Vranitzky ist der Typ der Zeit.«

Alte Sozialdemokraten und neue Mittelschichten

Ein notwendiger Exkurs in Gesellschaftswissenschaft und Sozialforschung

Franz Vranitzkys Vater war gelernter Eisengießer. »Ein Beruf«, so der Sohn, »den es heute nicht mehr gibt.«
Viele Tätigkeiten, die ehemals die Domäne des »klassischen« Industriearbeiters waren, gibt es heute nicht mehr. Und das ist etwas, das dem Bundeskanzler und dem Sozialisten Vranitzky in zweifacher Hinsicht Kopfzerbrechen macht: Es geht um das Überleben der traditionellen Industrien in Österreich – und es geht um das Überleben der traditionsreichen Sozialistischen Partei.
Vranitzky senior verkörperte jenen Menschentypus, aus dem die Arbeiterbewegung seit hundert Jahren ihre Kraft schöpft.
Vranitzky junior hingegen, der eine klassische Aufsteigerkarriere gemacht hat, verkörpert jenen Typus, mit dem die Sozialdemokratie in Österreich eine Chance hat, die nächsten zehn Jahre weiter als führende politische Kraft zu überstehen.
Um diese Behauptung belegen zu können, ist zunächst ein Exkurs in die Wissenschaft der empirischen Sozialforschung notwendig. Denn seit der Zeit, als der Entschluß fiel, den Arbeitersohn Franz Vranitzky in die Mittelschule gehen zu lassen, hat sich in Österreichs sozialem Gefüge einiges verändert.
In der Sprache der Wissenschaft liest sich das so: »Die österreichische Gesellschaft hat sich innerhalb der letzten drei Dekaden von einer partiell ›vormodernen‹ Gesellschaft zu einer reifen Industrie- und Dienstleistungsgesellschaft entwickelt. Einer rasanten Abnahme des Agrarsektors, dem 1951 noch jeder dritte Berufstätige angehörte, steht ein anhaltendes Wachstum des tertiären Sektors gegenüber, dem 1981 bereits

jeder zweite österreichische Berufstätige zugerechnet werden konnte[1].«
Unter dem »tertiären Sektor« sind alle Dienstleistungsberufe zu verstehen: von der Verkäuferin im Lebensmittelgeschäft über den Schalterbeamten bei der Post bis zum Vermögensberater in der Bank. Der Primärsektor ist die Land- und Forstwirtschaft, der Sekundärsektor die industrielle oder gewerbliche Güterproduktion.
Wie die folgende Tabelle zeigt, hat sich die Zahl der Menschen in Dienstleistungsberufen mit dem Beginn des Wirtschaftsaufschwunges dramatisch erhöht, die der Beschäftigten in Industrie und Gewerbe wesentlich weniger stark, beide aber auf Kosten der Landwirtschaft.

Berufstätige nach Sektoren (1951–1981)

Sektor	in Prozent der berufstätigen Bevölkerung	1951	1961	1971	1981	Veränderung 1951/1981
I	Land- und Forstwirtschaft	32,6	23,0	15,0	8,5	—24,1
II	Bergbau, Industrie und Gewerbe	37,6	41,4	42,2	41,0	+ 3,4
III	Dienstleistungen	29,8	35,6	42,8	50,5	+20,7

Quelle: Österreichisches Statistisches Zentralamt (ÖSTZ)
Ergebnisse der amtlichen Volkszählungen (1951–1981)

Was die obige Tabelle aber noch nicht zeigt, weil erst die Daten von der Volkszählung 1981 vorliegen, ist das volle Ausmaß des Rückganges der Beschäftigten in der Industrie. Wohl ist schon zwischen 1971 (dem

[1] Fritz Plasser: Das österreichische Parteiensystem zwischen Erosion und Innovation. In: Anton Pelinka und Fritz Plasser (Hrsg.): Das österreichische Parteiensystem. Wien – Köln – Graz 1987, Böhlau-Verlag (erscheint im November).

Jahr, in dem Kreisky erstmals die absolute Mehrheit errang) und 1981 die Zahl der in Bergbau, Industrie und Gewerbe Beschäftigten um 1,2 Prozent auf 41,0 Prozent zurückgegangen. In den Jahren danach hat sich dieser Trend aber gerade in der Industrie noch verstärkt. In den zehn Jahren zwischen 1973 und 1983 ist die Zahl der Industriebeschäftigten von 676 000 auf 562 000 gesunken. 1987 waren nur mehr 545 000 Menschen in der Industrie beschäftigt. Im öffentlichen Dienst dagegen gab es schon 1985 (spätere Daten liegen nicht vor) 550 000 Beschäftigte.
Im Frühstadium des Wandels in der österreichischen Nachkriegsgesellschaft profitierte zunächst die Industrie von der »Landflucht«. Es war die Zeit, als die Menschen scharenweise »die Scholle mit dem Schlosseranzug vertauschten« (Bruno Aigner, Sekretär des SPÖ-Parlamentsklubs).
»Schuld« an dieser Entwicklung war das »kleine Wirtschaftswunder« der Nachkriegszeit mit seinem Industrialisierungsschub einerseits und der Mechanisierung der Landwirtschaft andererseits. Mit modernen Maschinen erzeugten weniger Bauern mehr landwirtschaftliche Produkte, es herrschte Arbeitskräfteüberschuß. Gleichzeitig gab es in der Industrie Arbeitskräftemangel. Also begannen die Bauernsöhne in die industriellen Ballungsgebiete zu ziehen oder zu pendeln. Die damals noch stolze VOEST in Linz zog bis ins Waldviertel hinein Pendler an.
Und in diesem Fall stimmte, was Karl Marx schrieb: »Das Sein bestimmt das Bewußtsein.« Der Bauernsohn, der zu Hause unter der mehr oder weniger diskreten Anleitung des Herrn Pfarrers noch für die österreichische Volkspartei seine Stimme abgegeben hatte, wechselte nun unter dem Einfluß seines sozialistischen Betriebsrates zur SPÖ über.

Auf diesem gesellschaftlichen Strukturwandel (zu dem noch der Rückgang der Gewerbetreibenden und Selbständigen kam) sind – unter anderem – die Ensuite-Siege Bruno Kreiskys 1970, 1971, 1975 und 1979 gebaut gewesen. Seit einigen Jahren aber bläst der Wind, den die Sozialisten so lange im Rücken hatten, ihnen ins Gesicht. Denn zu ihrer natürlichen Abnutzung nach 17 Jahren an der Macht tritt nun eine neue Verschiebung in der soziologischen Struktur des Landes:

Die Industriearbeiterschaft, traditionelles Bollwerk der sozialistischen Bewegung, um derentwillen die sozialistischen Parteien Europas überhaupt gegründet wurden, wird zahlen- und bedeutungsmäßig kleiner und kleiner. Noch schlimmer: Diese treuesten aller Stammwähler wenden sich zusehends von der SP ab – zumindest in der Bundesrepublik und in Österreich.

Von diesem Doppeltrend – die Stammwählerschichten der SPÖ werden kleiner und wenden sich gleichzeitig von ihr ab – muß nicht automatisch die andere Großpartei, die Volkspartei, profitieren. Sie hätte aber alle Chancen dazu. Daß sie diese Chancen bisher nicht nutzen konnte, hat viel mit der ÖVP selbst, aber auch ohne jeden Zweifel mit Franz Vranitzky zu tun.

Das wird noch genauer zu analysieren sein. Zunächst geht es um die Klärung der Frage: Was ist geschehen, daß in Österreich nichtsozialistische, konservativere Politik plötzlich wieder eine Chance auf die Mehrheit hatte (und in etlichen Ländern Westeuropas – Bundesrepublik, Frankreich, Großbritannien, Holland, Norwegen – diese Mehrheit auch erringen konnte)?

Viele kennen die Bilder inzwischen aus dem Fernsehen: die funkelnagelneuen Fabrikshallen, in denen kaum eine Menschenseele zu sehen ist und trotzdem

ununterbrochen etwas produziert wird. Robotergreifarme rucken gespenstisch, löten Autokarosserien zusammen, stanzen mit allergrößter Präzision Mikro-Chips, führen jedenfalls Arbeiten aus, für die man früher Menschen benötigt hat.
Die meisten dieser futuristischen Bilder kommen aus japanischen oder amerikanischen Fabriken, doch ist die Automatisierung vieler industrieller Arbeitsvorgänge auch in Europa schon weit fortgeschritten. Und das kostet Industriearbeitsplätze. Gleichzeitig aber setzte das Sterben der sogenannten »Schlotindustrien« ein. Grundstoffproduktionen wie Eisen und Stahl schrumpften, teils weil Entwicklungsländer wie Taiwan oder Indien gelernt hatten, diese Produkte in gleicher Qualität, aber billiger zu erzeugen, teils weil die Werkstoffe überhaupt verdrängt werden. Demnächst werden z. B. bestimmte Komponenten des Automotors nicht mehr aus Metall, sondern aus einer neuartigen, entsprechend widerstandsfähigen, aber viel leichteren Keramik hergestellt sein.
Österreich hat den Großteil dieses Strukturprozesses noch vor sich, vor allem in der verstaatlichten Industrie, wo viel zu lange auf dem alten Weg beharrt worden ist – mit der Folge, daß die Unternehmen nun mit dem Doppelproblem personelle Überbesetzung und ungünstige Grundstoffproduktion fertig werden müssen.
Aber der Prozeß läuft, auch in Österreich, wenngleich es noch nicht ganz soweit ist, daß man, wie der deutsche Politologe und liberale Politiker Ralf Dahrendorf, von der »verschwundenen Arbeiterklasse« sprechen kann.
Dahrendorf: »Daß das Proletariat nicht die große Zukunftshoffnung sein kann, ist vielen schon in den zwanziger Jahren klargeworden. In den fünfziger und

sechziger Jahren kam dann die ›Verbürgerlichung‹ der Arbeiterschaft hinzu, also die im Grunde nicht überraschende Entdeckung, daß Arbeiter nicht ›eine andere Republik‹, sondern bessere Lebensbedingungen wollen. In den letzten zwanzig Jahren ist in allen Industrieländern die Arbeiterschaft selbst geschrumpft. Wo sie einst 50 Prozent oder mehr umfaßte, ist sie heute auf 40 Prozent oder weniger reduziert. Ohnehin ist es im wachsenden Bereich der Dienstleistungen schwer, Arbeiter als solche zu identifizieren – und sogar in der Industrie haben heute viele Angestelltenstatus. Beschäftigte gehören zumeist einer großen neuen Schicht an, für die noch niemand einen Namen gefunden hat, einer Mehrheitsschicht, die jedenfalls keine Arbeiterklasse mehr ist[1].«

Was ist sie dann? In der österreichischen wissenschaftlichen Diskussion hat man dafür den Begriff »Neue Mittelschicht« geprägt.

Das sind einfache und mittlere Beamte, einfache und mittlere Angestellte. Jene, die man in den USA schon vor Jahrzehnten mit »white collar workers« (Weiße-Kragen-Arbeiter), im Gegensatz zu den traditionellen »blue collar workers« (blaue Kragen = »Schlosseranzug« auf österreichisch) bezeichnete.

Das sind die Krankenschwester, der Bankangestellte, aber auch der spezialisierte Facharbeiter.

Die Arbeitswelt der beiden Typen ist grundverschieden: Der »Blaue-Kragen-Arbeiter« steht (im negativen Extremfall) in einer lärmumtosten, heißen, schmutzigen Fabrikshalle, erzeugt unter schwersten Bedingungen ein Produkt – wie etwa Rohstahl –, für das es kaum mehr Märkte gibt. Der »Weiße-Kragen-

[1] Ralf Dahrendorf: Erschöpfte Sozialisten. In: Finanz und Wirtschaft. 23. 5. 1987.

Arbeiter« sitzt (im positiven Extremfall) in einem sauberen, hellen, klimatisierten Büro am Bildschirm. Beide symbolisieren den Übergang von der Produktions- zur Kommunikationsindustrie.
Die politischen Folgen dieser Änderung der Arbeitswelt hat der intellektuelle Vordenker und frühere Bundesgeschäftsführer der SPD, Peter Glotz, so skizziert: »Unsere offizielle Rhetorik muß selbstverständlich von den ›Arbeitnehmern‹ als quasi metaphysischer Ganzheit ausgehen: Wir dürfen uns nicht auseinanderdividieren lassen. In Wirklichkeit erzeugt die erbarmungslose technische Entwicklung natürlich ganz unterschiedliche Arbeitsabläufe, Arbeitsbeziehungen, Arbeitszeitregelungen, Arbeitstypen und Arbeitsethiken, aus denen auch Interessenunterschiede folgen.«
»Je stärker sich der ›nachindustrielle Sektor‹ ausdehnt, desto deutlicher wird auch das Nebeneinander von zwei vorsichtig miteinander umgehenden, auf Kooperation und Konfliktminderung bedachten Strömungen der Lohnarbeit: einer (gewerkschaftlich hoch organisierten) klassischen Industriearbeiter-Fraktion, die immer noch die stärksten Bataillone hat, aber schrumpft, und einem (weit weniger durchorganisierten, auch stärker kleinbetrieblich bestimmten) Dienstleistungslager, in dem die modernen Formen der Kopfarbeit dominieren – und das wächst[1].«
Wenig mehr als ein Jahr, nachdem diese Überlegungen von Glotz im »Spiegel« erschienen waren, erhielt die SPD deren Richtigkeit aufs unangenehmste bestätigt: Die deutschen Sozialdemokraten mit ihrem Spitzenkandidaten Johannes Rau hatten die Bundestags-

[1] Peter Glotz: »Keine Angst vor Wünschen.« Über die Organisation einer regierungsfähigen Linken. Der Spiegel 12/1984.

wahlen nicht nur (erwartungsgemäß) verloren, sondern auch genau dort verloren, wo Glotz die Problemlinie geortet hatte: in den städtischen Ballungszentren, bei den angestellten Mittelschichten in Dienstleistungsbranchen.

Auch in der österreichischen Sozialdemokratie haben die intellektuellen Vordenker und solche, die es werden wollen, diese Gefahr erkannt. Josef Cap, Ex-Juso, Ex-Idol der unabhängigen Linken, die ihn mit 62 000 Vorzugsstimmen ins Parlament wählten, um dann enttäuscht seine Wandlung zum braven Parteiangestellten zu erleben, leitet jetzt die »Zukunftswerkstätte« der SPÖ. Unter dem Titel »Quo vadis, SPÖ?«, was aus dem Lateinischen übersetzt »Wohin gehst du?« heißt, hat sich der frühere Befürworter der Abschaffung des Lateinunterrichts seine besorgten Gedanken gemacht:

»Die Krise der Sozialdemokratie ist mehrfach begründet. Der Wandel der sozialen Struktur prägte vor allem die von Sozialdemokraten dominierten Städte. Diese werden zunehmend zu Zentren der Dienstleistung mit eigenem sozialem Milieu, individualistischer Berufs- und Aufstiegsorientierung, einer Ablehnung solidarischer Verhaltensformen und damit tendenziell unansprechbar für gewerkschaftliche und vor allem parteiliche Organisierung im traditionellen Sinn. Der Wertewandel drückt sich aus durch Absage an geschlossene Weltbilder, durch das Bestreben, sogenannte ›sozialstaatliche Ketten‹ zu sprengen, um in einem Gefühl der Freiheit durch eigene Leistung ein größtmögliches Maß an materieller und sozialer Sicherheit zu erreichen[1].«

[1] Josef Cap: Quo vadis, SPÖ? Manuskript 1987. (Ironischerweise haben auch besorgte Freunde der ÖVP für einen Sammelband [Conturen 1987] den Titel »Quo vadis, ÖVP?« gewählt.)

Dazu kommt, daß die Sozialisten sozusagen ein Opfer ihrer eigenen Bildungspolitik geworden sind. Eine Säule der Kreiskyschen Reformpolitik war der leichtere Zugang zur höheren Bildung für Schichten, die bisher aus materiellen Gründen nicht dazu in der Lage waren. So wurde etwa mit den Schülerfreifahrten vielen Kindern im ländlichen Raum der Besuch der Mittelschule ermöglicht.
Immerhin hat die Zahl der Hochschulabsolventen in den letzten 10 Jahren um rund 80 000, die der Maturanten um rund 150 000 und die Zahl der Erwerbstätigen mit einem qualifizierten Fachschulabschluß um rund 230 000 zugenommen. Die Zahl der Personen mit bloßer Pflichtschulbildung sank um 350 000.
Daß diese Bildungsexplosion auch problematische Seiten hatte – Stichwort Akademikerüberschuß –, spielt hier keine Rolle. Entscheidend in unserer Betrachtung ist, daß sich diese jungen Bildungsaufsteiger zum Teil ausgesprochen »undankbar« verhalten, was ihre »Wohltäterin« SPÖ betrifft:
»Der Emanzipations- und Bildungsschub, den viele – insbesondere junge Leute – in den siebziger Jahren durchgemacht haben und für den die SPÖ die materiellen Grundlagen geschaffen hat, wendet sich jetzt zum Teil gegen die ›alte Partei‹ SPÖ. Die SPÖ hat mit diesem Emanzipations- und Bildungsschub kaum Schritt gehalten: Mehr Menschen haben heute bessere bildungsmäßige und materielle Voraussetzungen, um mitreden und ihre ›eigene Sache‹ in die Hand nehmen zu können.« (Bruno Aigner in einem offenen Brief an Fred Sinowatz.)
Der, sagen wir, junge Computerprogrammierer ist nun, obzwar aus einer traditionell sozialdemokratischen Familie, viel weniger geneigt, das zu glauben oder gar das zu tun, was ihm »die Partei« sagt. Im Ge-

genteil, es kann sehr wohl sein, daß er sich aus Ärger über allzu plumpe Bevormundungsversuche von der SP abwendet.
Man könnte es auch anders, konkreter sagen als Cap oder Aigner: Der Boutiquen-gewandete junge Abteilungsleiter in einem Supermarkt findet es gar nicht cool, wenn ihm auf dem Weg in die Disco im Stiegenhaus des Gemeindesbaus der Parteikassier mit der Erinnerung entgegentritt, daß heute abend Versammlung im Sektionslokal ist.
Die politische Relevanz der neuen Mittelschichten besteht aus zwei Merkmalen: Die »Mittelschichtler« bilden jetzt schon die größte Gruppe, demnächst möglicherweise die Mehrheit innerhalb der österreichischen Sozialstruktur. Und das politische Verhalten dieser Schicht ist weitaus beweglicher und unberechenbarer als das der anderen sozialen Schichtungen.
Sehr einprägsam haben dies Franz Birk und Kurt Traar in ihrer Studie »Der durchleuchtete Wähler – in den achtziger Jahren« herausgearbeitet. Die beiden Autoren untersuchten die »in den letzten sechzehn Jahren, in Jahren fast ausschließlicher SPÖ-Alleinregierung, stattgefundene Veränderung in den einzelnen politischen Lagern« und kamen zu diesem bemerkenswerten Ergebnis:
»In empirischen Fakten ausgedrückt: Der ÖVP-orientierte Selbständigenblock nahm in diesem Zeitraum um 6 Prozent ab, das sozialistische Arbeiterlager mußte eine Abnahme von 7 Prozent hinnehmen, und die nicht lagergebundenen Mittelschichten wuchsen um diese 13 Prozent[1].«
In absoluten Zahlen stellt sich diese Entwicklung nach Birk/Traar so dar:

[1] Kurt Traar und Franz Birk: Der durchleuchtete Wähler – in den achtziger Jahren. In: Journal für Sozialforschung, Heft 1/1987.

Verteilung der politischen Lager (Basis: derzeit Erwerbstätige, in Prozent)

Basis: Alle Wahlbeteiligten	1969	1984/85	Differenz zwischen 1969 und 1984/85
Selbständigenblock	24	18	— 6
Arbeiterschichten	43	36	— 7
Angestellte/Beamte (Mittelschichten)	33	46	+ 13

Quelle: IFES-Querschnittsanalyse aus den Jahren 1969, N = 6 000, 1984 und 1985, N = 38 950

Und wie geht es weiter? Birk/Traar: »Die jährliche Zuwachsrate der Lagerungebundenen, der neuen Mittelschichten, beträgt unter Zugrundelegen einer einfachen Division – Zuwachs zwischen 1969 und 1985 gebrochen durch die Anzahl der Jahre – 0,7 Prozent. Einer linearen Extrapolation zufolge würde diese jährliche Zuwachsrate bedeuten, daß bereits bei der übernächsten Nationalratswahl, zu Beginn der neunziger Jahre, die Mehrheit der österreichischen Wähler diesem Lager zuzuzählen wäre.«

Und um die »Mehrheit der Mehrheit« (so der Titel einer Studie von Peter A. Ulram) geht es ja.

Nach den Untersuchungen von Ulram »fällt der Stammwähleranteil aller Parteien unter die 50-Prozent-Marke (1984: 44 Prozent). Der mobile oder doch zumindest mobilitätsbereite Wähler stellt in der entwickelten österreichischen Arbeitnehmergesellschaft (1983: Arbeitnehmeranteil unter den Berufstätigen ca. 80 Prozent) bereits die absolute Mehrheit[1].«

[1] Peter A. Ulram: Um die Mehrheit der Mehrheit. Die neuen, angestellten Mittelschichten 1975–1984. In: Fritz Plasser, Peter A. Ulram, Manfried Welan (Hrsg.): Demokratierituale. Wien – Köln – Graz 1985, Böhlau-Verlag.

Aber wer wird von diesem Wandel der österreichischen sozialen Landschaft profitieren? Wer wird, schlicht gesprochen, die neuen Mittelschichten und deren aufreizend herumschwebende Wählerstimmen erben?
Noch 1985 war sich die Volkspartei ihrer Sache diesbezüglich sehr sicher. In einer internen Studie, die dann auszugsweise von Alois Mock präsentiert wurde (»Strukturwandel der Gesellschaft, Strukturwandel der Parteien«) hieß es selbstbewußt und zuversichtlich: »Die ÖVP hat den gesellschaftlichen Strukturwandel in Richtung einer Arbeitnehmer- und Dienstleistungsgesellschaft in den letzten Jahren besser und erfolgreicher bewältigt als die SPÖ ... Die Angehörigen der neuen Mittelschicht stellen unter den berufstätigen ÖVP-Wählern mit Abstand die stärkste Wählergruppe.«

Sozialstruktur der beiden Großparteien 1985

Anteile in Prozent der Parteianhänger	ÖVP	SPÖ
Angestellte und Beamte	29	22
Arbeiter	16	28
Landwirte	11	1
Selbständige	7	1
nicht berufstätig bzw. in Ausbildung	37	48
	100	100

Die Angestellten und Beamten stellten demnach 1985 mit 29 Prozent die größte Gruppe der berufstätigen Parteianhänger der ÖVP. Die größte Gruppe bei den Parteianhängern der SPÖ waren hingegen die Arbeiter mit 28 Prozent, während Angestellte und Beamte mit 22 Prozent bei den Berufstätigen nur die zweitgrößte Gruppe stellten.
Die Verfasser dieser Studie sahen daher die Österrei-

Frühe Jahre: Familie und Freunde

Ein Arbeitersohn auf dem Weg nach oben

Die Vranitzkys kame aus dem Industrieprole tariat der Monarchie Franz V. war der erst der Familie, der auf di Universität durfte.

Wir haben ganz klein angefangen

Bescheidene Verhältnisse als Kind und als junger Ehemann und Vater. Aber auf die feine »Schale« wurde doch wert gelegt.

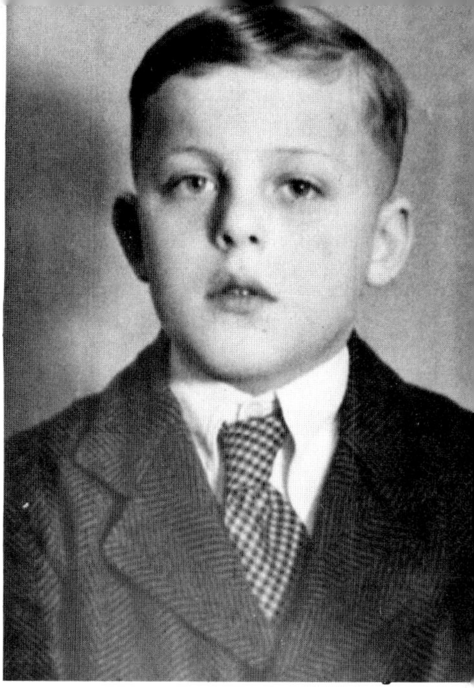

Ein Spitzenpolitiker braucht Spitzenkondition

Die Fitneß der frühen B ketball-Jahre wird he noch aufgefrischt.

Das eigene Leben gestalten können

Christine Vranitzky: erfolgreiche Geschäftsfrau, konservative Erzieherin von Tochter Claudia (links oben) und Sohn Robert (links unten), Skeptikerin der »typischen Politik«.

Der Einstieg in die Macht-strukturen

ie Arbeit mit dem ngen Androsch (gro- es Bild): Beginn einer eundschaft, die eini- e Strapazen aushal- n muß (rechts die epaare A. und V., azwischen Freund Hans Schmid).

chische Volkspartei bereits hoffnungsfroh »auf dem Weg zur neuen Mehrheitspartei«. Gar nicht einmal zu Unrecht, denn damals, 1985, konnte die ÖVP »seit der letzten Nationalratswahl auf eine eindrucksvolle Bilanz bei der abgelaufenen Serie von Landtags-, Gemeinderats- und Standesvertretungswahlen verweisen«.

Wiederum unter dem Gesichtspunkt »Neue Mittelschicht« war die Arbeiterkammerwahl von 1984 der ermutigendste Wahlgang von allen. Bei dieser Standesvertretungswahl gewann die ÖVP beachtliche 6,1 Prozent bei den Angestellten und fast noch beachtlichere 6,0 Prozent bei den Arbeitern hinzu. Bei den Angestellten war die Volkspartei nach diesem Wahlgang mit 49,3 Prozent die mit Abstand stärkste politische Kraft und lag knapp unterhalb der absoluten Mehrheit.

Bei den Nationalratswahlen im Herbst 1986 lösten sich diese Blütenträume – die Volkspartei als »neue Mehrheitspartei« – ziemlich brutal auf. Warum es so kam und warum es vielleicht gar nicht so hätte kommen müssen, ist ein ziemlich spannendes Kapitel der neuen österreichischen Politikgeschichte. Wir werden darauf noch ausführlich bei der Analyse des »Schicksals-Wahljahres 1986« eingehen.

Im Auge sollte man dabei behalten, daß die Volkspartei genausowenig wie jede andere Partei ein verbrieftes Recht auf die Stimmen der »Neuen Mittelschicht« geltend machen kann. Ein Merkmal dieser Schicht ist es ja, daß sie sich von alten sozialen Bindungen zwar weitgehend, aber doch nicht ganz gelöst hat.

So machte der »Sozialforschungs-Guru« der österreichischen Linken, IFES-Chef Ernst Gehmacher, 1986 in einer gemeinsamen Untersuchung mit Christian

Haerpfer der Volkspartei den Erbanspruch auf die »Neue Mittelschicht« streitig[1].
Gehmacher teilte die Gesellschaft nach berufsspezifischen Kriterien in vier große Schichten, nämlich Arbeiter (Facharbeiter, Hilfsarbeiter, Arbeiter im öffentlichen Dienst) Mittelschicht (einfache und mittlere Angestellte, einfache und mittlere Beamte), obere Mittelschicht (Unternehmer, Gewerbetreibende, leitende Angestellte, leitende Beamte) und Landwirte. Dabei zeigte sich – nach Daten aus einer Umfrage aus dem Jahre 1982 –, folgendes Bild:

Parteipräferenz 1982 (N = 10 000)

in Prozent	SPÖ	ÖVP	FPÖ	Parteifreie
Obere Mittelschicht	6	18	19	19
Mittelschicht	36	32	37	41
Landwirte	2	22	10	7
Arbeiter	57	28	34	34
Österreich	44	29	3	25

Grundlage für die allgemeine Parteipräferenz ist die Antwort auf folgende Frage: »Welche Partei sagt Ihnen ganz allgemein am meisten zu?«

Soziale Schicht und Parteipräferenz, 1982
Quelle: IFES-Archiv

Gehmacher kommt zu dem Schluß, man könne »Anfang der achtziger Jahre noch immer von der SPÖ als einer ›Arbeiterpartei‹ sprechen, da 59 Prozent der österreichischen Arbeiter eine eindeutige sozialistische Präferenz zeigen. Nach einem solchen Sprachgebrauch wäre die Österreichische Volkspartei eine

[1] Ernst Gehmacher, Christian Haerpfer: Wahlverhalten und Parteiensystem. Die Binnenstruktur der Wählerschaft von SPÖ, ÖVP und FPÖ. In: Anton Pelinka und Fritz Plasser (Hrsg.): Das österreichische Parteiensystem. Wien – Köln – Graz 1987, Böhlau-Verlag.

›Bauernpartei‹: Beinahe 70 Prozent (69 Prozent) der Landwirte weisen eine Bindung an die ÖVP auf. Während es demnach trotz der zunehmenden sozio-strukturellen Entkoppelung des österreichischen Parteiensystems eine Partei der Arbeiter und eine Partei der Landwirte gibt, gibt es unverändert in Österreich keine ›gleichsam natürliche‹ Partei der Mittelschicht, dem bei österreichweiten Wahlgängen schlichtweg entscheidenden sozialem Stratum (Stratum = Schicht, Anm. d. A.).«
Die Mittelschicht steht also nach Gehmacher noch zur Disposition der Parteien, oder, »demokratiekonformer« formuliert, die Parteien müssen sich anstrengen, um diese wahlentscheidende Schicht zu gewinnen.
Gehmacher: »Interessant ist die Situation bei der Gruppe der Parteifreien, Personen also, die über keine Parteibindung verfügen, sich quasi im ›parteifreien‹ Raum aufhalten und bei der Umfrage im Jahre 1982 etwa 25 Prozent, also ein Viertel der österreichischen Wählerschaft, darstellen.«
Hier ist eine umfragetechnische Erklärung fällig: Die Gehmacher-Untersuchung kam auf diesen Wert, weil bei der Analyse nur sogenannte »Rohdaten« von deklarierten Parteianhängern verwendet wurden. Bei jeder Meinungsumfrage (»Wenn nächsten Sonntag Wahlen wären, wem würden Sie Ihre Stimme geben«) gibt nur jener Teil der Befragten eine eindeutige Antwort, der sich nicht scheut, sich zu einer (seiner) Partei zu bekennen. Das sind die sogenannten Rohdaten. Durch zusätzliche Frage (»Wer glauben Sie, wird gewinnen?«) können die Meinungsforscher aber recht exakt die verborgene politische Neigung des Befragten herauskitzeln. Diese Antworten werden nach einem bestimmten Schlüssel zusammen mit den Rohdaten zu dem Ergebnis »hochgerechnet«, das in den

veröffentlichten Meinungsumfragen aufscheint. Irrtümer und Manipulationen sind natürlich möglich (sonst würden ja die Meinungsumfragen nicht so häufig anders aussehen als die Wahlergebnisse). Gehmacher verwendete bei seiner Analyse nur Rohdaten, »um diesbezügliche Verzerrungen« zu vermeiden. Es mag daher manchen, der die vorige Tabelle studiert, verwundern, daß sich 1982 nur 29 Prozent eindeutig zur ÖVP bekannten, hingegen 44 Prozent (also fast das spätere Wahlergebnis) zur SPÖ, aber damals saßen offenbar doch rund 25 Prozent der Wähler parteifrei im »Wartesaal«. Und gerade diese »für das Wahlgeschehen der achtziger Jahre sicherlich sehr wichtige Gruppe der ›freien Stimmen‹ am ›Wählermarkt‹ hat den größten Mittelschichtanteil, was ihre Binnenstruktur betrifft« (Gehmacher).

Wie die Tabelle zeigt, wird die absolute Mehrheit der Parteifreien, nämlich 60 Prozent, von der Mittelschicht gebildet. Dabei kommen 41 Prozent aus der »Neuen Mittelschicht« (einfache und mittlere Angestellte, einfache und mittlere Beamte) und 19 Prozent aus der oberen Mittelschicht (Unternehmer, Gewerbetreibende, leitende Angestellte, leitende Beamte).

Gehmachers Schlußfolgerung: »Zum überwiegenden Maße handelt es sich bei dieser Gruppe (den Parteifreien – Anm. d. A.) um ein Mittelschicht-Phänomen, ein Zusammenhang, welcher auch bei der Entstehung von grün-alternativen Parteien, die ja größtenteils aus dem Reservoir der Parteifreien hervorgingen, in der Folge sichtbar wurde.« Das ist eine entscheidende Veränderung in einem Land, »dessen Wahlverhalten lange Zeit als eines der ›stabilsten und berechenbarsten‹ westlicher Demokratien galt« und in dem »Verschiebungen im Stimmenanteil der Parteien – von we-

nigen Ausnahmen (1949, 1970) abgesehen – eher gering waren« (Ulram, »Mehrheit«).
In einer so »aufgebrochenen« politischen Landschaft haben alle möglichen Politikertypen Chancen, sicher aber nicht ideologiegeladene Dogmatiker oder sture Apparatschiks. Vertreter einer Protesthaltung haben da mehr Aussicht auf Erfolg, seien sie nun grün oder allgemein systemkritisch. Das Protestmotiv allein reicht aber nicht aus und ist letztlich negativ. Die Mehrheit will materielle und politische Stabilität verbunden mit maßvoller Veränderung.
Das schließt auch einen scharfen Rechtskurs aus, wie er in den USA und England (bei anderem Wahlrecht) erfolgreich war: »Rechte Fundamentalisten gibt es in Österreich bisher kaum. Doch mehr und mehr – gerade auch Jüngere – setzen Hoffnungen auf mehr Privatinitiative, mehr Freiraum für die Tüchtigeren und einen ›Wechsel der Eliten‹, von Sozialstaat-Beamten zu korrekten Managern[1].«
Diesem »Anforderungsprofil« entspricht Franz Vranitzky in hohem Maße. Er ist ein Produkt des sozialen Wandels, ein junger Technokrat, der seine Karriere zwar nicht ohne »die Partei« gemacht hat, aber während seines ganzen Aufstiegs nie eine nennenswerte Funktion in der Parteihierarchie der SPÖ innehatte. Vranitzky ist nicht gerade das, was man unter einem »alten Sozialdemokraten« versteht. Er ist ein neuer Mittelschichtler, der sehr hoch aufgestiegen ist.

[1] Ernst Gehmacher (unter Mitarbeit von Franz Birk und Günther Ogris): Das Wahljahr 1986: Welche Theorien stimmen? In: Journal für Sozialforschung, 1987, Heft 2.

Der „Typ der Zeit" oder Die entscheidende Mitte

Wie Vranitzky der Sozialdemokratie die Mehrheit erhielt und weiter erhalten will

Wenn Franz Vranitzky der »Typ der Zeit« ist, dann muß man fragen: welcher Zeit?

Ernst Gehmacher ist der Ansicht, vieles spräche dafür, daß »Österreich gerade jetzt an einem Punkt seiner Geschichte steht, wo es zu einem wesentlichen politischen ›Paradigmenwechsel‹, zu einer gesellschaftlichen Neuorientierung kommt« (»Die Presse«, 6. 12. 1986). In der Nachkriegszeit habe Österreich mit der Sozialpartnerschaft einen vorwiegend sozialdemokratischen Kurs eingeschlagen – Verstaatlichung der Schlüsselindustrien, hochentwickeltes Wohlfahrtssystem, starke Gewerkschaften usw. Wobei bemerkenswert ist, daß Gehmacher den Beginn des »sozialdemokratischen Weges« nicht mit dem Beginn der SPÖ-Alleinherrschaft 1970 ansetzt, sondern sofort mit den ersten Jahren nach Kriegsende. Tatsächlich ist ja nicht zu leugnen, daß die (klein-)bürgerlich-bäuerliche ÖVP lange Zeit den Weg des Wohlfahrtsstaates mitging, einen wirklich harten, »kapitalistischen« Wettbewerb aus Sorge um ihre gewerbliche Klientel nicht forcierte und schließlich ja auch die Verstaatlichung der Schlüsselindustrie und der E-Wirtschaft mittrug (wer hätte auch 1946 oder 1947, in einem Land ohne Kapital, die VOEST, die Alpine, Elin oder Ranshofen kaufen können?).

Seit einigen Jahren ist dieses »sozialdemokratische System« an den Grenzen seiner Möglichkeiten angelangt. Seine überwiegend bewahrende, versteinernde Natur führte dazu, daß sich »peinlich hart die Effizienz-Frage stellte« (Gehmacher). Liebgewordene sozialistische Ideologien – z. B. die des Verstaatlichtenprinzips als Selbstwert – mußten über Bord gehen.

»Die ›Linke‹, auch innerhalb der SPÖ, verfiel in resignativen Trübsinn und wurde einflußlos.«
Auf der anderen Seite jedoch, so Gehmacher, konnte eine wirklich konservative Wende zu einem »liberaldemokratischen System«, das durch die Chiffren »mehr privat« und Betonung des leistungsorientierten Individualismus charakterisiert ist, nicht stattfinden, weil in Österreich die Voraussetzungen dafür einfach (noch?) nicht gegeben sind. Gehmacher formuliert es nicht so, aber er deutet an, daß die Volkspartei selbst zu viele »sozialdemokratische«, jedenfalls aber wohlfahrtsstaatliche und unkapitalistische Elemente habe, um den konsequenten Wende-Weg zu gehen.
In dieser Situation, so muß man Gehmacher gedanklich wohl weiterführen (er selbst sagt es nicht so dezidiert), benötigt die Sozialdemokratie lediglich jemand, der sie wieder effizienter macht. Oder, genauer, jemand, dem man dies zutraut. Der enttäuschte, aber nicht völlig abgefallene Anhänger und Sympathisanten wieder zurückholt.
Damit wäre aber die Rolle von Franz Vranitzky definiert.
Ein Modernisierer des sozialdemokratischen Systems. Effizienter machen, aber auch wieder plausibler und äußerlich attraktiver machen. Das ist auch die Rolle, die Vranitzky im Gespräch für dieses Buch akzeptiert, wenngleich er den Ausdruck »Reparatursozialist« (im Gegensatz zu den »Illusions-Sozialisten«) ablehnt:
»Die Analyse zeigt ja, daß mit der Sozialdemokratie in vieler Hinsicht der Staat, seine anonymen Institutionen, der Bürokratismus und wirtschaftlich nicht sehr erfolgreiche Betriebe assoziiert werden. Gleichzeitig kommt die Kritik aber gerade aus jenen Bevölkerungsschichten, die sich auf Grund der Leistungen

der Sozialdemokratie emanzipiert haben. Daß heißt, man hat ein gemeinsames soziales System geschaffen, mit dem man jetzt nicht mehr zufrieden ist – mit einem gewissen Recht, weil die geistigen Väter des Systems vielleicht nicht mehr die richtige Sprache finden.«

Daher gehe es jetzt »nicht um Reparatur-Sozialismus, sondern um das Verständlichmachen des Sozialismus für die neunziger Jahre und danach. Manés Sperber schreibt in seinen ›Wasserträgern Gottes‹, er habe sein Leben lang nie aufgehört, an die Idee zu glauben, daß man im Interesse der Menschheit immer etwas neu und besser machen muß.«

Genau besehen, steckt in dieser Passage die Aussage, daß es genüge, das sozialdemokratische System nur wieder verständlicher zu machen, »die richtige Sprache zu finden«, nicht aber inhaltlich etwas Grundlegendes zu ändern. Tatsächlich will Vranitzky sicherlich Auswüchse und Funktionsstörungen etwa des Sozialstaates oder der Verstaatlichten Industrie beseitigen, nicht aber die »Grundwerte«.

»Massenbewegungen wie die Sozialdemokratie haben ihre unverrückbaren Dogmen oder Grundwerte. Nun geraten sie in Gefahr, das äußere Erscheinungsbild ebenso unverrückbar zu machen wie die Grundwerte. Das ist ein Fehler. Ich meine, die Sozialdemokratie bedarf bei aller Unverrückbarkeit der Grundwerte einer größeren Flexibilität in den Erscheinungsbildern. Das vermittelnde Element, das Vokabular. Das Vokabular ist das wichtigste.«

»Mit dem Vokabular muß man im auslaufenden 20. Jahrhundert zu einem veränderten Arbeitnehmerbild hinführen. Sozialdemokratie und Gewerkschaftsbewegung sind heute doch weggekommen vom Bild einer geknechteten Klasse. Und die Sozialdemokratie muß sich beeilen. Sie muß sich beeilen, diese neuen Erscheinungsbilder raschestmöglich so zu vermitteln, daß sie nicht zu einer im Sektionsleben verhafteten Mitgliederversammlung absinkt und an Stellenwert verliert.«

Welches neue Erscheinungsbild? Die Vermutung liegt nahe, daß es sich im wesentlichen um das Ebenbild Vranitzkys handeln könnte.

Tatsächlich heißt es in einer vor kurzem erschienenen Broschüre (»Kreuzen gegen den Wind – Plädoyer für eine neue Sozialdemokratie«), die der Wiener Finanzstadtrat Hans Mayr und sein Pressemann Karl Seitlinger gemeinsam verfaßt haben, »manche Beobachter« meinten, »eingeleitet von Bruno Kreisky, der mit seiner Öffnung der Partei die Sozialdemokratie mehrheitsfähig machte, verkörpere ein Politiker wie Franz Vranitzky endgültig die neue Sozialdemokratie: kosmopolitisch, professionell, pragmatisch, kaum alten sozialdemokratischen ›Stallgeruch‹ verbreitend[1].«

Die Delikatesse, mit der hier »manchen Beobachtern« (nämlich »zumeist bürgerlichen Kommentatoren«) die Charakterisierung Vranitzkys als Verkörperung der neuen Sozialdemokratie überlassen wird, verrät eine gewisse Distanz gegenüber dem Mann ohne Stallgeruch. Der, wie er selbst anmerkt, nicht den üblichen Weg eines Berufspolitikers hinter sich hat: »Bei mir war es ja nicht so, daß ich als regionaler Parteifunktionär begonnen habe, dann meinetwegen in den Landtag, dann von dort in den Nationalrat und dann als Krönung vielleicht ein Ministeramt. Ich habe ja ganz was anderes im Schilde gehabt.«

Und der mit leicht irritierender Hartnäckigkeit immer

[1] Hans Mayr/Karl Seitlinger: »Kreuzen gegen den Wind. Plädoyer für eine neue Sozialdemokratie«. Wien 1987, Jugend & Volk.

wieder betont, daß er sich »aus einer guten Portion Staatsbürgerpflicht heraus« von seiner Bankkarriere weg in die Politik zwangsverpflichten ließ. Aus Staatsbürgerpflicht, nicht aus Parteigehorsam.
Tatsächlich könnten die Adjektive »kosmopolitisch, professionell, pragmatisch« genausogut einen klassischen Liberalen beschreiben (von denen es in Österreich nicht allzu viele gibt; der klassische Wirtschaftsliberalismus hatte historisch keine Chance, schon wegen des vollständigen Sieges der Gegenreformation, aber auch weil im Agrar-, Militär- und Beamtenstaat der Monarchie Wirtschaft und Industrie keinen hohen Stellenwert hatten und schließlich, weil die Hauptträgergruppe des wirtschaftlichen und kulturellen Liberalismus, das jüdische Bürgertum, ausgerottet oder vertrieben wurde).
Gemessen am Kriterium der Toleranz und der Weltoffenheit ist Vranitzky sicherlich ein Liberaler. Aber gegen den »Vorwurf«, im Grunde ein typischer Liberaler zu sein, hat Vranitzky »die Verteidigung vorzubringen, daß ich an eine starke Rolle des Staates als gestaltendes Element glaube. Nicht im Sinne einer Ostblock-Ideologie. Aber der Staat hat eine Funktion, und die ist, die Rahmenbedingungen zu setzen.«
»In geschichtlicher Sicht hat ja der Sozialismus auch liberale Elemente, aber die führende Stellung der sozialen Komponente darf nicht verlorengehen. Die Rolle der Sozialdemokratie liegt darin, die soziale Komponente nicht außer acht zu lassen. Dafür ist sie sozusagen da. Dazu braucht man den Staat, denn jemand anderer kann das nicht übernehmen.«
Und all das zusammen – »modernes Erscheinungsbild plus liberale Elemente plus Pragmatismus« – ergäbe dann eben die Mehrheitsfähigkeit. Ein Szenarium für die fortdauernde Erhaltung der sozialdemokratischen

Vorherrschaft in Österreich, neu bearbeitet und adaptiert von Franz Vranitzky nach Motiven von Bruno Kreisky. Der – substantielle – Unterschied liegt wohl im Verständnis des Wortes Pragmatismus. Bei Kreisky bedeutete Pragmatismus etwas anderes als bei Vranitzky. Kreisky handelte manchmal arg pragmatisch, um politische Ziele der Sozialdemokratie durchsetzen zu können. Vranitzky handelt pragmatisch aus der Einsicht in wirtschaftliche Notwendigkeiten.

Ob dieses Szenarium die Mehrheitsfähigkeit der SPÖ auf länger garantiert, ist offen. Daß Vranitzky sie erhalten kann, hat er schon einmal bewiesen, und zwar gegen ziemliche Odds. Um die Leistung Vranitzkys im Wahlkampf 1986 einordnen zu können, muß man zeitlich ein wenig zurückgreifen: Praktisch seit der vorhergegangenen Nationalratswahl war es für die SPÖ abwärts gegangen. 1983 ging die absolute Mehrheit verloren, in den dann folgenden bundesweiten (Handelskammer, Arbeiterkammer) und regionalen Wahlen mußte sowohl die SPÖ wie ihr Regierungspartner FPÖ Stimmenverluste hinnehmen. Parallel dazu holte die ÖVP in den Meinungsumfragen ständig auf, bis sie dann 1984 erstmals seit vielen, vielen Jahren vor der SPÖ lag. Die Regierungsumbildung durch Sinowatz im Sommer 1984, bei der Vranitzky als Finanzminister installiert wurde, brachte dann noch einmal eine kurze Wende. Aber im Winter 1985/86, nach dem VOEST-Fiasko und dem Hainburg-Debakel, war es endgültig zu Ende: Wären damals Wahlen gewesen, die Volkspartei unter Mock hätte sie gewonnen.

Tatsächlich erzielte die ÖVP auch einen fulminanten Wahlsieg, wenn auch indirekt durch ihren Kandidaten für das Amt des Bundespräsidenten, Dr. Kurt Waldheim. Waldheim holte sich in der Stichwahl am

8. Juni rund 6 Prozent der SPÖ-Wähler (im ersten Wahlgang am 4. Mai 5 Prozent). Selbstverständlich spielte der »Jetzt-erst-recht«-Effekt nach den Angriffen seitens des Jüdischen Weltkongresses eine große Rolle, doch eine mindestens ebenso große Bedeutung hatte das Denkzettel-Motiv gegenüber der ungeliebten Regierungspartei SPÖ. Die (VP-nahen) Sozialforscher Fritz Plasser und Peter A. Ulram kommen in ihrer umfassenden Untersuchung zum Wahljahr 1986 ebenfalls zu diesem Ergebnis: »Die starken Stimmenverluste des SPÖ-Kandidaten bei der Präsidentschaftswahl – neben der Abwanderung von White-collar- und Jungwählern mußte die SPÖ vor allem massive Einbrüche in der Industriearbeiterschaft, besonders in den sozialistischen Hochburgen der Obersteiermark und Wiens hinnehmen – verweisen aber auch auf den Protest- und Wendecharakter dieses Wahlganges ... Die österreichische Wählerschaft war in Bewegung geraten, die Richtung auf die klassische oppositionelle Kraft, die Volkspartei, wie auf die neuformierten Grün-Alternativen schien vorgegeben. Eine grundlegende Neuformierung der politischen Kräfte- wie Mehrheitsverhältnisse begann sich am Horizont abzuzeichnen. Auch die Übernahme der Regierungsgeschäfte durch Vranitzky änderte daran wenig. Der Erosionsprozeß der SPÖ konnte zwar gestoppt werden, aber die Chance der ÖVP auf Erringung der Führungs- und Mehrheitsposition erschien mehr als günstig[1].« Oder, in der Erinnerung von Franz Vranitzky: »Wir waren in allen Meinungsumfragen rettungslos weg.«

[1] Fritz Plasser/Peter A. Ulram: Das Jahr der Wechselwähler. Wahlen und Neustrukturierung des österreichischen Parteiensystems. In: Khol-Ofner-Stirnemann (Hrsg.): Österreichisches Jahrbuch für Politik 1986. Oldenbourg-Verlag für Geschichte und Politik. Wien – München 1987.

Aber wie die beiden (SP-nahen) Sozialforscher Kurt Traar und Franz Birk rückblickend analysierten: »Mehr als bloß ein Hoffnungsschimmer für die SPÖ waren die guten Sympathiewerte für den neuen Bundeskanzler Dr. Franz Vranitzky.« Mit einem durchschnittlichen Sympathiewert im Juni 1986 von +2,4 (Juli 2,8) rangierte er weit vor dem Spitzenkandidaten der ÖVP Dr. Mock (+0,7), dem es nicht gelang, den für die ÖVP positiven Trend der ersten Monate im Sommer 1986 auch in verstärktes persönliches Ansehen und Reputation zu verwandeln[1].«
Hier zeichnete sich bereits eine Ursache für die Niederlage der ÖVP ab – im direkten Vergleich zwischen den Spitzenkandidaten der beiden Großparteien wirkte Mock hölzern und angeschlagen, Vranitzky anfangs im Wahlkampf zwar auch nicht als mitreißender Redner, aber das tat seinem überaus günstigen Gesamteindruck keinen Abbruch. Tatsächlich wurde nach Plasser/Ulram »die Wahlkampagne seitens der SPÖ fast ausschließlich – sieht man von einer diffus formulierten ›Modernisierungsideologie‹ ab – auf Kanzler Vranitzky zugeschnitten, inhaltliche Argumente blieben weitgehend aus.«
Der zweite Faktor war das Auftreten Jörg Haiders, der seinerseits einen fulminanten Wahlkampf hinlegte. Auf diese veränderten Gegebenheiten konnte sich der unflexible Alois Mock nicht einstellen. Schließlich beging die ÖVP den Fehler, ihre Linie mitten im Wahlkampf zu ändern. Aus unerfindlichen Gründen (oder vielleicht weil man den künftigen Regierungspartner SPÖ in einer Art vorauseilender Rücksicht nicht verärgern wollte) wurde die ur-

[1] Kurt Traar/Franz Birk: Der durchleuchtete Wähler – in den achtziger Jahren. In: Journal für Sozialforschung. 1987/Heft 1.

sprünglich harte wirtschaftspolitische Linie (»wir führen Österreich aus den roten Zahlen«) verlassen und zuerst durch liebliche Kinderplakate, dann durch eine auf Alois Mock zugeschnittene Persönlichkeitswerbung ersetzt. Die Folge: »Die ÖVP verlor an ›politischer Schubkraft‹, ihr Vorsprung in der Argumentationsstärke, im Meinungsklima und schließlich auch in der Wählergunst ging zurück, um sich endlich in einen – auch im Wahlergebnis zum Ausdruck kommenden – Rückstand zu verwandeln« (Plasser/Ulram).

Mit einem Wort: Die ÖVP hat den Wahlkampf in den letzten Wochen verloren, hat in dieser Zeit eine schon sicher erscheinende Mehrheit verspielt. Das »TV-Duell« zwischen Mock und Vranitzky, in dem Mock maskenhaft geschminkt und erschöpft wirkte, brachte nach Ansicht von Plasser/Ulram »keine grundsätzliche Wende in der Entwicklung des Wahlkampfes, sondern verstärkte eher den beobachtbaren Trend gegen die ÖVP, ohne daß die SPÖ davon in relevantem Ausmaß profitieren konnte«. Ernst Gehmacher allerdings meint, daß Mock beim TV-Hearing mehr als ein halbes Prozent Wahlberechtigter an Vranitzky verlor: »Hätten sich die Werbemanager der ÖVP nicht auf einen Personenwahlkampf eingelassen . . ., so hätte es auch am Wahlabend ein offenes Rennen zwischen SPÖ und ÖVP geben können« (»Die Presse«, 6. 12. 1986).

Nach einer Umfrage des Fessel-Institutes war 1981 die Person Kreiskys mit 48 Prozent das wichtigste Motiv, SPÖ zu wählen. 1986 wollten dann 50 Prozent wegen Vranitzky ihre Stimme für die sozialistische Partei abgeben. Im selben Vergleich erlitt aber die SPÖ schwere Imageeinbußen im Bereich ihrer früheren Stärken: Arbeitsplatzsicherung, Lebensstan-

dard. 1981 wollten noch 40 Prozent die SP wählen, weil sie »auch in schwierigen Zeiten die Arbeitsplätze sichert«, 1986 nur noch 21(!) Prozent.
In der niederösterreichischen Industriestadt Ternitz, als Standort eines gefährdeten verstaatlichten Betriebes (VEW) ein besonderes politisches Krisengebiet für die SPÖ, war nach einer Spezialstudie von Kurt Traar die Person Vranitzkys mit 70 Prozent das zweitstärkste Motiv, SPÖ zu wählen (Arbeitsplatzsicherung: 80 Prozent).
Traar: »Was den SPÖ-Wählern durchwegs positiv am Wahlkampf auffiel, war die Person des Spitzenkandidaten Dr. Vranitzky: Seine Ruhe und Gelassenheit, seine Ausstrahlung als Wirtschaftsfachmann und auch sein telegenes Agieren brachten ihm Pluspunkte. So ist es hauptsächlich ihm zuzuschreiben, daß der eine oder andere Wähler wieder den Weg zurück zur Partei fand[1].«
Trotzdem sank der Stimmenanteil der SPÖ in Ternitz um sechs Prozentpunkte von 75 auf 69 Prozent, wie ja auch bundesweit die Partei mit einem Stimmenverlust von minus 4,5 Prozent auf ihren Wählerstand der frühen fünfziger Jahre zurückfiel (insgesamt hat die SPÖ seit 1979, der Wahl mit der größten absoluten Mehrheit – dank Kreisky – mehr als 320 000 Stimmen oder fast acht Prozentpunkte verloren).
Nach Plasser/Ulram war 1986 »das Jahr der Wechselwähler«, »das ›Goldene Zeitalter‹ der österreichischen Großparteien ist am 23. November ebenso zu Ende gegangen wie eine Ära österreichischer Parteien- und Wählergeschichten.«
In dieser »Wechselwähler-Wahl« gab die SPÖ rund

[1] Kurt Traar/IT-Institut: »Wahlkampf und Nationalratswahl 1986 in einer Industriestadt.«

110 000–120 000 Wähler (5 Prozent ihrer Wähler von 1983) an die ÖVP ab. »Dieser Wählerstrom ist in den städtischen Industrie- und Dienstleistungsgemeinden bzw. in den Ballungszentren am ausgeprägtesten« (Plasser/Ulram). Die ÖVP verlor zirka 50 000 bis 60 000 Wähler an die SPÖ (3 Prozent ihres Potentials von 1983). Jeder zweite Wähler, der von der ÖVP zur SPÖ wechselte, begründete seine persönliche Wahlentscheidung mit dem Spitzenkandidaten der SPÖ Franz Vranitzky.

Beide Großparteien mußten jeweils an die 130 000 Wähler (6 Prozent der SPÖ-, 7 Prozent der ÖVP-Stimmen) an die FPÖ abgeben. ÖVP und SPÖ verloren jeweils zirka 2 Prozent an die Grün-Alternativen.

Die FPÖ konnte zwar eine Viertelmillion Stimmen von den beiden Großparteien abziehen, vermochte aber nur zwei Drittel ihrer Wähler von 1983 an sich zu binden (Abgänge vor allem zur ÖVP). Die FPÖ »hat also einen weitgehenden (erfolgreichen) Austausch ihrer Wählerschaft vollzogen« (Plasser/Ulram).

Unter den Wechselwählern dominierten jüngere Wähler, Angehörige der oberen Bildungsschichten und Angestellte oder Beamte. Und: »Trotz der beträchtlichen Wählerwanderung zwischen den Großparteien sind es vor allem FPÖ und Grüne, die aus der stark angewachsenen Mobilität des österreichischen Elektorats Gewinn und vor allem aus dem Bereich der neuen, angestellten Mittelschichten und der jüngeren Bildungsschicht massive Stimmenzuwächse abziehen können. In dieser Gruppe verzeichnen die beiden Großparteien besonders starke Einbußen« (Plasser/Ulram).

Was bedeutet, daß Vranitzkys Wirkung auf die »Neuen Mittelschichten« bei dieser Wahl ihre Grenzen hatte. Wer seinen womöglich jahrelang angestauten Groll über die SPÖ und ihre Herrschaft loswerden wollte, der ließ sich auch von Vranitzky nicht davon abhalten. Die Leistung Vranitzkys lag nach Meinung von Kurt Traar wohl darin, »keine Negativfigur« zu sein. Wäre Sinowatz noch Kanzler geblieben, hätte die SPÖ mit Sicherheit die Mehrheit verloren. Vranitzky band Wähler der ideologischen Mitte, denen sowohl der krakeelerische Haider als auch die chaotischen, streitsüchtigen Grünen unheimlich waren und die vielleicht unter anderen Umständen zur ÖVP gewechselt wären, hätte diese einen attraktiveren Spitzenkandidaten gehabt.

So aber gab der Direktvergleich zwischen Vranitzky (der laut Gehmacher »ohnehin der ›Wunschkanzler‹ einer absoluten Mehrheit war, denn auch jeder fünfte ÖVP-Wähler wollte ihn«) und Mock dann den Ausschlag.

Die Österreicher hatten nun einen Mann zum Bundeskanzler gewählt, den sie auf Anhieb sympathisch fanden, aber eigentlich nicht so recht kannten. Daß sein Nadelstreif-Image nicht alles ist, spürten viele – selbst unter den Bedingungen des Wahlkampfs (in dem Vranitzky seine persönlichen Auftritte übrigens praktisch auf die Wochenenden beschränkte). Was aber steckt noch hinter der glatten Fassade kühler Professionalität?

Persönlichkeitsprofil oder Der sentimentale Rationalist

Wie sich bei Vranitzky Stil und Substanz zueinander verhalten

Bevor er Politiker wurde, hat Franz Vranitzky kaum jemals Applaus gehört. Seine Erfolgserlebnisse waren andere. Wenn er in den Vorstandssitzungen der CA oder der Länderbank von einem geglückten Geschäft berichten konnte, gab es höchstens höfliches Räuspern der Herren. So war ihm der erste Beifall aus dem Volk anfangs ein wenig unheimlich. Vielleicht sogar das Volk selbst.

»Wenn man da in so einen Versammlungssaal hineingeht, und die schreien dort: ›Bravo, Franz!‹, das hat mich früher etwas auf Distanz gebracht. Sehr häufig ist bei mir in der Anfangszeit eine gewisse Scheu aufgekommen, das unterschwellige Gefühl, da wird was überzogen, da wird was überdehnt.«

Heute kann es Vranitzky schon fast genießen, wenn ihn auf einem Kirtag irgendwo in der Steiermark die Begeisterten fast erdrücken. Wenn er durch den Matsch einer Bergwiese – denn der berühmte »Klara-Kirtag« von Maria Lankowitz im Bezirk Voitsberg findet über der Baumgrenze statt – von Stand zu Stand marschieren, die schauerlichsten Schnäpse verkosten und sich von den Angeheiterten dröhnend auf die Schultern schlagen lassen muß.

Das Bad in der Menge wird früher oder später für jeden in der Politik zum belebenden Elixier. »Nach einer Akklimatisierungsphase bekommt das natürlich einen anderen Stellenwert für einen selbst, ohne daß man dabei narrisch werden darf«, meint Vranitzky rückblickend.

Geblieben ist trotzdem ein beträchtliches Distanzbedürfnis. Es entspringt zunächst seinem stark ausgeprägten Sinn für die Wahrung der Würde. Die randa-

lierenden Ranshofner Arbeiter vor dem Bundeskanzleramt und der Fußtritt gegen das Schienbein des Verstaatlichtenministers Rudolf Streicher irritierten den Kanzler auch wegen ihrer Symbolik.
Selbstverständlich ist ihm nicht entgangen, was es bedeutet, wenn die Arbeiter statt vor den Villen der Reichen vor dem Amtssitz des sozialistischen Bundeskanzlers demonstrieren. Aber fast mehr noch störte ihn die Mißachtung der staatlichen Symbole: »Die Aufrechterhaltung der Würde des Gebäudes, des Amtssitzes muß einen Stellenwert haben.« Vranitzky war an diesem Tag nicht im Lande. Er wäre an Streichers Stelle nicht zu den Demonstranten hinuntergegangen. Nicht so sehr wegen der Warnungen der Staatspolizisten, sondern weil es nicht angeht, daß »der Bundeskanzler eine Abordnung einer Demonstration empfängt, sich mit ihnen zwei Stunden unterhält, alle Pro- und Kontra-Argumente ausbalanciert – und dann genügt das nicht. Die Einrichtungen des Staates, die Institutionen dürfen sich nicht selbst abmontieren.«
Vranitzkys Sinn für Würde ist stark physisch bestimmt. Er weigert sich, die üblichen Politiker-Faxen mitzumachen. Nichts wird ihn je dazu bringen, in einem Bierzelt vor einer johlenden Menge so zu tun, als könnte er die Kapelle dirigieren. Wenn er schon auf einer Messe in der Provinz aufs Podium muß, dann kann ihn der lederbehoste Witzereißer nicht dazu bewegen, eine rote Trachtenweste anzuziehen. Ein Foto der Couch für das Nachmittagsschläfchen, wie es einmal in einem Bildband über Bruno Kreisky erschienen ist, würde er niemals dulden (abgesehen davon, daß er seine Schläfchen meist während Autofahrten hält). Im Finanzministerium durften unter Vranitzkys Vorgänger Herbert Salcher die Amtsdie-

ner in Hemdsärmeln ins Ministerzimmer kommen – »das wäre bei mir ausgeschlossen, ich sitze ja auch nie im Hemd da«.

Vranitzky will zwischen Freundschaft und Kumpelhaftigkeit, zwischen dem Verstehen eines anderen Menschen und »irgendeiner Art von überkommener Leutseligkeit klare Grenzen ziehen«. Es tut nicht gut, wenn der Generaldirektor glaubt, volkstümlich in der Kantine essen zu müssen. In der Nationalbank, so erinnert er sich, haben die Belegschaftsvertreter einen solchen Anbiedermann gebeten, doch wieder in das Direktionsspeisezimmer zurückzukehren. Man fühlte sich gestört.

Vranitzky ist zwar Mitglied im legendären »Club 45«, in den siebziger Jahren eine Anlaufstelle für diverse sozialistische Freundesriegen, aber er ist nie hingegangen und im übrigen »eine Karteileiche«.

Mit seinen persönlichen Beratern bespricht er mehr und in größerer Offenheit, als es vielleicht bei anderen üblich ist. Aber er käme nicht auf die Idee, einem das Du-Wort anzutragen, obwohl sie zum Teil schon seit der Bankzeit bei ihm sind. Der engere Kreis – Kabinettschef Max Kothbauer, der volkswirtschaftliche Berater Rudolf Scholten, der Pressesprecher Karl Krammer, die außenpolitische Expertin Eva Nowotny – ist die »einzige Gruppe, wo er sich nicht fürchten muß, wo er über alles und jedes schimpfen kann« (ein Stabsangehöriger). Die Gruppe ersetzt Vranitzky manchmal einen nicht unbeträchtlichen Teil der Öffentlichkeit, sie ist bis zu einem gewissen Grad Ideenquell, Meinungsforschungsinstitut und Kaffeehaus. Aber »auf die Idee, private Fragen an uns zu stellen, käme er nicht«.

Die Cancan-Episode bei der großen Wahlkampfveranstaltung der Wiener SPÖ war denn auch eine Folter für ihn. Irgend jemand in der SPÖ hatte die Idee gehabt, die Tänzerin Marlene Charell für eine Show-Einlage zu engagieren. Die Dame zwang Fred Sinowatz Zylinderhut und Stöckchen auf, was Vranitzky gerade noch abwehren konnte, und verleitete die beiden zu einem Cancan, daß die Gesichter der Parteigenossen in der Stadthalle die rote Farbe ihrer Parteibücher annahmen.

Vranitzky konnte sich halbwegs unbeschädigt aus dem Desaster retten, weil er beim Tanz nur ein paar Schritte markiert und es vermieden hatte, sich wie Sinowatz das wohlgeformte Bein der ehemaligen Lido-Tänzerin in den Arm legen zu lassen (»Mit mir tun Sie das nicht«, flüsterte er). Aber um eine Schmuseszene mit der entfesselten Künstlerin, die nur mit einem kurzen Hemd und einem praktisch nichtexistenten Höschen bekleidet war, kam er nicht herum. Es war eine Katastrophe für Sinowatz, und es hätte eine für Vranitzky sein können, wenn er nicht jene Eigenschaft hätte, die auch Ronald Reagans Erfolgsgeheimnis ist: Es nimmt ihm schwer jemand etwas wirklich übel. Sogar eine so monströse Peinlichkeit nicht. Reagan wurde der »Teflon«-Präsident genannt, weil alles von ihm abglitt wie am gleichnamigen Supermetall. Vranitzky scheint ebenfalls einen unsichtbaren Schutzschild um sich zu haben.

Rein physisch schützt ihn seine gute körperliche Kondition, die noch aus den alten Sportlertagen stammt, und seine Fähigkeit, »viel aus seinem Tag zu machen« (ein Mitarbeiter). Die körperliche Fitneß aus den alten Basketballtagen, aufgefrischt durch gelegentliches Tennis, viel Wandern und strapaziöse Bergtouren, trägt Vranitzky durch einen Tag, der – wie der jedes Politikers – mit unumgänglichen Leerlauf-Terminen angefüllt ist, die besonders ermüden. Der Kanzler ar-

beitet nach Abendterminen zu Hause oft noch bis zwei Uhr früh weiter und ist meist schon um acht, halb neun im Büro.
Selbst wenn er am nächsten Tag für die beliebte amerikanische Frühstücks-News-Show »Good morning, America!« um sechs Uhr im TV-Studio sein muß, verzichtet er nicht auf einen späten Whisky an der Hotelbar. Den Alkoholkonsum von Fred Sinowatz erreicht Vranitzky bei weitem nicht, aber der eine oder andere harte Drink tut nach bestimmten Anspannungen schon ganz gut. Vranitzkys Disziplin bildet aber auch hier ein starkes Stützkorsett.
Er hat auch ein gewisses Geschick entwickelt, sich Phasen der Entspannung aus der rigiden Struktur seines größtenteils fremdbestimmten Tagesablaufs herauszuschlagen. Oft sucht er dazu bereits vertraute Plätze auf: in New York ein rascher Ausbruch zum »River Café« unter der Brooklyn Bridge, wo man über den East River einen wunderbaren Blick auf Manhattans Skyline hat. Oder zu Hause ein Samstagvormittag mit einer raschen Wanderung auf den Ötscher, ehe der Bundespräsident vom Flughafen Schwechat abgeholt werden muß. Wobei es den Kanzler irritiert, daß man, um rascher auf die eigene Wanderstrecke zu kommen, mit der ganzen Kolonne (Leibwächter sind immer dabei, auch im Urlaub) auf einem für Autos gesperrten Waldweg dahinprescht.
Im Grunde möchte Vranitzky so wenig wie möglich auffallen, was für einen Spitzenpolitiker mit seinen Beliebtheitswerten ein gewisses Problem ist. Sein Wunsch nach Distanz dürfte auch dem Wissen um die eigene Verletzbarkeit entspringen. Denn der große, coole Selbstbewußte ist in Wahrheit sehr sensibel. Das zeigte sich Anfang Mai 1987 bei Vranitzkys Besuch in den Niederlanden. Es war die erste problematische

Auslandsreise, seit Waldheim auf die Watch-list gesetzt worden war. Auf dem Programm standen offizielle Gespräche mit Premier Lubbers und Königin Beatrix, der eigentliche Anlaß der Reise war jedoch die Eröffnung eines jüdischen historischen Museums in Amsterdam, für dessen Renovierung österreichische Banken und der österreichische Staat einen Spendenbeitrag geleistet hatten.

Diese Spende wiederum war auf Anregung eines bekannten Mitglieds der jüdischen Gemeinde Amsterdams zustande gekommen, der Vranitzky von dem Treffen der »Bilderberg«-Gruppe[1] kannte. Ein guter Anlaß, um zu demonstrieren, daß Österreich sich der Untaten bewußt ist, die der später hingerichtete österreichische Nazi Seyß-Inquart als »Statthalter« in den Niederlanden mit seinem größtenteils aus Österreich bestehenden Stab während der deutschen Besatzung begangen hat.

Das Problem dabei: Es existieren mehrere jüdische Gemeinden in Amsterdam, und die der orthodoxen Richtung protestierten gegen den Vranitzky-Besuch. Man wollte keine Spenden aus der »Waldheimat«.

Ein Eklat lag in der Luft. Als dann Vranitzky nach dem großen Festakt im eben erst fertiggestellten Musiktheater (vom Österreicher Wilhelm Holzbauer erbaut) mit dem ganzen Troß den kurzen Weg hinüber

[1] »Bilderberg« ist eine lose Vereinigung von internationalen Spitzenleuten aus Politik und Wirtschaft, die einander in regelmäßigen Abständen in totaler Abgeschiedenheit zu einem Gedankenaustausch treffen. Die Gründungsidee hatte Prinz Bernhard der Niederlande, die erste Tagung fand im holländischen Hotel »Bilderberg« statt. Derzeitiger »Chef« der österreichischen Bilderberg-Filiale ist Hannes Androsch. Vranitzky: »Die Diskussionen sind eine persönliche Bereicherung. Das ist überhaupt keine Verschwörung. Es findet unter Ausschluß der Öffentlichkeit statt, damit die Teilnehmer, die schließlich hohe Funktionen bekleiden, völlig frei reden können.«

zum jüdischen Museum marschierte, war auf der anderen Straßenseite hinter der Absperrung eine Menschenmenge zu sehen, die etwas schrie und heftig gestikulierte. Eine Sekunde konnte man glauben, jetzt ist der Krawall da, als auch schon die Erleichterung kam: Es war eine österreichische Reisegruppe, die »Hoch Vranitzky!« rief. Und auch die umstehenden Holländer applaudierten. Da stiegen dem Bundeskanzler Tränen in die Augen.

Vranitzky heute über diese Episode: »Das waren eigentlich Tage permanenter Hochspannung. Zuerst diese Proteste, dann viele Telefonate mit niederländischen Freunden, die auffällig oft gesagt haben: ›Aber laß dich dadurch nicht beeindrucken‹, die ganz harten Fragen der Medien und dann beim Festakt im Musiktheater die Wahrnehmung, daß alle, von der Königin abwärts, so getuschelt haben, und jedesmal, wenn ich mich umgedreht habe, waren sie plötzlich mucksmäuschenstill. Als wir dann zum Museum hinübergegangen sind, hat jemand gesagt, daß sei jetzt die letzte Gelegenheit zu einer Protestgeste, und dann stehen die dort. Dann ist die Spannung abgefallen, und das war die Rührung. Das war eine Sondersituation. Aber im Endeffekt bin ich schon zu Rührungen fähig, sowas geschieht selten, aber es geschieht.«

Es geschieht zum Beispiel, wenn Franz Vranitzky einen besonders »österreichischen« Augenblick (in gutem Sinn) erlebt, denn der Kanzler ist seit jeher ein sehr bewußter Österreich-Fan, der überraschend viele Winkel des Landes kennt und echte alte Wienerlieder (»Glasscherbentanz«) textgenau parat hat. Es kann sogar vorkommen, daß er schon beim Erklingen der Bundeshymne »ein bisserl übergeht« (so seine Frau Christine).

Um so intensiver leidet Vranitzky an den Seiten des

österreichischen Volkscharakters, die seinen eigenen Plänen für eine Mobilisierung der vorhandenen Talente des Landes im Wege stehen: »Es gibt dieses berühmte Grillparzer-Zitat: ›. . . denkt sich sein Teil und läßt die andern reden.‹ Das ist ja ein bisserl ein Vorwurf. Das ist sogar ein absoluter Vorwurf.«
In Franz Grillparzers »König Ottokars Glück und Ende« legt Horneck dem Rudolf von Habsburg Österreich und die Österreicher so ans Herz:
»O nehmt Euch sein, nehmt Euch des Landes an!
Es ist ein guter Herr, es ist ein gutes Land,
Wohl wert, daß sich ein Fürst sein unterwinde!«
. . .
»Drum ist der Österreicher froh und frank,
Trägt seinen Fehl, trägt offen seine Freuden,
Beneidet nicht, läßt lieber sich beneiden!«
. . .
»Allein was nottut und was Gott gefällt,
Der klare Blick, der off'ne richt'ge Sinn,
Da tritt der Österreicher hin vor jeden,
Denkt sich sein Teil und läßt die andern reden!«
So wie manchem Leser dieses Klassikers ist auch Vranitzky der Widerspruch in diesen Zeilen aufgefallen: Einerseits ist der Österreicher froh und frank, mit klarem Blick und off'nem, richt'gem Sinn, tritt »hin vor jeden« – und hält andererseits doch lieber den Mund.
Vranitzky: »Das ist das Österreichische, dieses, wie man in Wien sagt, ›Aufhauen‹: ›Hallo, ihr könnts uns doch nix erzählen‹ – aber dann doch: ›Weißt was, pfeif drauf, ducken wir uns, sind wir lieber stad‹« (still - Anm. d. A.).
Das sei auch in den teilweise morbiden, aber doch ausdrucksstarken Wienerliedern drinnen. »Wie geht das eine: ›Die Welt ist so modern und so laut, daß ein jeder auf sich und keinen anderen mehr schaut.‹ Das

wäre eigentlich ein humanistischer Ansatz, aber dann endet die Strophe mit: ›Tu dich schön ducken und sei nur schön stad‹.«
Trotzdem: »Wenn Sie mich nach meinem Österreicherbild fragen, dann bin ich – im Gegensatz zu allen unseren Kritikern – überzeugt, daß per Saldo ein positiver Zeitgenosse herauskommt. Den man allerdings erst gewinnen muß. Ansonsten ist er zwischen kühl und teilnahmslos. Und das ist ja bekanntlich das Ärgste in den zwischenmenschlichen Beziehungen. Hassen, Lieben, das hat einen Inhalt. Aber teilnahmslos ist am schlimmsten.«
Alt-Bundespräsident Rudolf Kirchschläger hat auf dem Höhepunkt des Weinskandals vor ein paar Jahren, als ruchbar wurde, daß Dutzende Winzer und Weinhändler den Saft mit dem Frostschutzmittel Glykol veredelt hatten, die Befürchtung ausgesprochen, man könnte die Österreicher für ein Volk von Schlawinern halten. Vranitzky glaubt an eine Beeinflußbarkeit auch der Schlawiner: »Wenn man den Schlawiner gewinnen kann, ein Ziel anzustreben, dann legt er sein Schlawinertum ab. Ob ich leide an der im Grillparzer-Zitat verkörperten Mentalität? Na ja, man muß dagegen ankämpfen.«
Bruno Kreisky wollte Österreich und die Österreicher auch verändern. Aber er hatte nicht sehr viele Illusionen. Er packte die Österreicher dort, wo sie sterblich sind, er nutzte ihre Eigenheiten und Schwächen, er spielte auf der österreichischen Seele Klavier. Vranitzky fehlt dieser manipulative Zug. Er kommt den Menschen mit der Vernunft.
Er ist, wie sein Berater Karl Krammer sagt, »ein großer Rationalist. Ein Mensch der Aufklärung. Er glaubt an die Macht des Arguments.« Vranitzky räumt aber ein, daß »es eine gewisse Sentimentalität

in der Vernunft geben muß, sonst wird sie nicht gekauft«.
Ein sentimentaler Rationalist.
»Das geht auch nicht ohne Demagogie. Als ich im Wahlkampf sagte, ich kandidiere für die Roten und die anderen für die Schwarzen usw., und als ich dann am Ende hingeworfen habe, auf das Plakat hinter mir zeigend, es kommt nicht auf rot, schwarz, grün oder blau an, sondern auf rot-weiß-rot, da sind die Leute am höchsten gesprungen. Ich habe dann viele Briefe bekommen, das, was Sie über Österreich gesagt haben, das war so schön. Damit meine ich, Vernunft muß auch begeisternd vermittelt werden.«
Gewiß, gewiß. Die Zustimmung, die Vranitzky eindeutig bei so vielen Leuten findet, kommt aber ebenso eindeutig nicht aus seiner Fähigkeit, begeisternde Reden zu halten. Viel hat sich da in der Zwischenzeit gebessert. Die endlosen Schachtelsätze hat er sich bis zu einem gewissen Grad abgewöhnt, auch wenn sie gelegentlich noch durchbrechen. Vor allem hat er es gelernt, den Technokraten-Speak der Frühzeit unter Kontrolle zu halten. Sätze wie »Gerade den nachwachsenden Generationen scheint die lineare Hochrechnung unserer Gesellschaft weder möglich noch wünschenswert« oder »Sie alle konvergieren in Richtung mehr Selbstverwirklichung des einzelnen«, die noch vor einem knappen Jahr einen Beitrag für die Arbeiterzeitung zu einem ungenießbaren Wortbrei gerinnen ließen, sind seltener geworden. Aber immer dann, wenn Vranitzky in Argumentationsnotstand gerät oder ganz einfach nichts sagen will, sucht er seine Zuflucht in einer hirnlähmenden Unsprache, die alsbald glasige Augen beim Gesprächspartner erzeugt. Aber wenn ihn etwas interessiert oder wenn er Gelegenheit zu seinen kurzen, trocken hingesetzten Poin-

ten hat, dann kann Franz Vranitzky witzig und lebendig sprechen.
Vor allem die ironischen Anmerkungen perfektioniert er immer mehr. Von der TV-Diskussion im Wahlkampf 1986 zwischen Vranitzky und Mock haben Millionen Österreicher wohl nur zwei Dinge im Gedächtnis behalten: Mocks wiederholte Anrede »meine Damen und Herren« an die drei männlichen Journalisten im TV-Studio – und Vranitzkys beißenden Einwurf: »Warum begrüßen Sie denn dauernd Damen, die nicht da sind?«
Die Kunst der knappen, ironischen Anmerkung erprobt Vranitzky auch jeden Dienstag vormittag beim »Pressefoyer« nach dem Ministerrat an den Journalisten. Aber während Kreisky, der Erfinder dieser Form der TV-Unterhaltung (mit der sich auch regieren läßt), im grantigen Spätstadium dem Interviewer empfahl: »Lernen Sie Geschichte, Herr Reporter!«, züchtigt Vranitzky nur milde: Wenn der Journalist keinen »Mikrofonkeil« zwischen die Koalitionspartner treibe, dann würden sich diese wohl einigen. Nur selten blitzt so etwas wie kalter Zorn auf: So, als Vranitzky zum offenen Brief des Linzer Vizebürgermeisters Hödl an den Präsidenten des »World Jewish Congress« meinte, hier liege wohl ein »ungeordnetes Verhältnis zur Intelligenz« vor (Hödl hatte die Attakken gegen Kurt Waldheim mit der Kreuzigung Christi verglichen).
Diese Ironie setzt Vranitzky auch außerhalb der Öffentlichkeit ein – wenn es etwa darum geht, einen erfolglosen, dafür aber um so überheblicheren Manager eines Staatsbetriebes seinen Unmut spüren zu lassen.
Aber »gekillt« hat Vranitzky noch niemanden. Zumindest kann sich keiner seiner Mitarbeiter oder ein anderer Beobachter daran erinnern. Das könnte ein

Problem werden, denn ein Politiker muß von Zeit zu Zeit einen Feind demonstrativ abservieren, kaltstellen, um sich zu behaupten oder ganz einfach seine Durchsetzungsfähigkeit zu beweisen. Vranitzky hat noch nie einen Feind ausgeschaltet. Sein Kabinettschef Kothbauer, der ihn schon aus der Zeit in der Länderbank kennt, meint, das komme daher, weil er kaum Feinde habe. Andere, darunter auch seine Frau, haben festgestellt, daß er durch Ignorieren kaltstellt: »Er redet dann mit dem Betreffenden einfach nichts mehr.«
Manchmal hat Vranitzky sogar noch mehr Mitleid, als gut für ihn ist: Die Unglücksidee, den abservierten FPÖ-Obmann Norbert Steger als Trostpflaster für den Verlust des Vizekanzlerpostens mit dem Job des Generaldirektors des staatlichen Verkehrsbüros zu versorgen, hatte zwar Fred Sinowatz. Aber Vranitzky wollte sie aus falsch verstandenem Mitleid verwirklichen, ehe ein Aufschrei in der Öffentlichkeit den Pfründenplan verhinderte.
Als ihm Heinrich Treichl vor der Wahl einen Brief schrieb, indem er ihm für den intelligenten und vornehmen Wahlkampf dankte, schrieb Vranitzky zurück, er habe den Brief als Signal aus einer Welt verstanden, »der wir uns alle wieder mehr annähern sollten«. Treichl heute: »Das ist nicht nur gut formuliert, sondern anständig und sehr nobel. Da kann man sehen, daß Noblesse nicht eine Prärogative der Geburt ist, sondern mit Intelligenz und Bildung zusammenhängt. Er ist ein nobler Mensch.«
Und er verströmt ganz einfach Sympathie. Oft mit einem leicht verlegenen Lächeln, immer proper, ob im Polohemd oder im berühmten Nadelstreif (früher von einem Londoner Schneider, heute, da zu teuer, von einem Wiener Atelier), jedes Haar an seinem Platz, immer gesammelt und diszipliniert. Vranitzkys Wir-

kung beruht auch auf seinem sicheren Gespür für Situationen, das ihn nur selten im Stich läßt.
Es war beim offiziellen Bankett in Washington für Außenminister Shultz und andere US-Größen. Die härtesten Gespräche hatte man hinter sich gebracht, Waldheim blieb zwar auf der Watch-list, aber der Kanzler hatte zweifellos einen persönlichen Imageerfolg nach Hause mitzunehmen. Nun kam die Tischrede. Da beschloß Vranitzky, von seinem vorbereiteten Redetext mit seinen ernsten Beteuerungen der österreichisch-amerikanischen Freundschaft abzugehen, steckte das Manuskript in die eine, seine rechte Hand in die andere Hosentasche und legte in idiomatisch einwandfreiem Englisch los: Österreich sei ja schließlich Teil der alten Monarchie gewesen, und da gäbe es die lustigsten Geschichten über die Bewohner des alten Vielvölkerstaates. Ob die Damen und Herren wüßten, wie man einen Ungarn definiert? Nun, er geht hinter einem in eine Drehtür und ... Oder der Unterschied zwischen einem Rumänen und einem Ungarn?
So erhaben Vranitzky über den Verdacht ist, sich über andere Völkerschaften lustig zu machen, so gut es auch gemeint war – in den USA, wo jeder zweite Politiker auf ethnische (Wähler)Gruppen Bedacht nehmen muß, erzählt man »ethnic jokes« (frei übersetzt: Burgenländerwitze) niemals offiziell.
Es war der einzige kleine Ausrutscher in einer ansonsten perfekten Darstellung. Welches Klima in der amerikanischen Medienszene gegenüber Österreich herrscht, sahen die mitreisenden Journalisten spätestens an dem Tag, als der Regierungssprecher beim routinemäßigen Briefing im Pressezentrum des Weißen Hauses verkündete, Präsident Reagan werde heute den österreichischen Kanzler treffen, und Sam

Donaldson, einer der gefürchtetsten Fernsehjournalisten, »Sieg heil!« in den Saal rief. Es war nicht einmal besonders bösartig gemeint, es sollte ein Witz sein – aber es zeigte, welchen Ruf Österreich »drüben« derzeit hat. Vranitzky absolvierte auf dieser Reise ohne Anzeichen von Erschöpfung ein mörderisches Programm. Es bestand in der dutzendfachen Wiederholung einer Kernaussage vor wechselndem Publikum (Abgeordnete, TV- und Printjournalisten, Senatoren, hohe Mitarbeiter der Administration Reagans, Vertreter jüdischer Organisationen): »Wir sind nicht so, wie ihr denkt.« Sein Stil war »Vranitzky at his best«: geduldig, sachlich, auch durch Überfallsfragen wie in der morgendlichen News-Show »Good morning, America!« (»Mr. Chancellor, welche Beweise für Waldheims Unschuld haben Sie mitgebracht?«) nicht aus dem Konzept zu bringen.
Bei diesem Besuch kamen Vranitzky seine Geduld und seine ruhige Autorität zu Hilfe, die möglicherweise seine größten Stärken sind. Und die Fähigkeit, Vertrauen erwecken zu können. Auch Kreisky konnte in seiner besten Zeit Vertrauen erzeugen – aber eher, weil die Leute Vertrauen in seine Schläue und Durchsetzungsfähigkeit gewannen. Vranitzky vertrauen die Leute sozusagen pur. Weil er Anständigkeit und – vor allem – Seriosität ausstrahlt. Kreisky ist fraglos der gebildetere Mann – »er hat 50 Jahre Politik und Menschen in sich«, wie Max Kothbauer sagt, der für Vranitzky den Kontakt zum »Alten« hielt, solange das Verhältnis noch einigermaßen gut war. Aber, so Kothbauer, dafür habe Vranitzky viel mehr Aufgeschlossenheit: »Er ist sich nicht zu gut, um als Fünfzigjähriger noch zu lernen.«
Vranitzky ist ein wahrer Staubsauger für Informationen, die er allerdings lieber im Gespräch mit den Leu-

ten herausholt, als sich durch dicke Arbeitspapiere zu lesen. »Es gibt so viel, was er noch kennenlernen will«, sagt ein anderer naher Beobachter des Kanzlers. »Wenn man kritisch sein will, könnte das bedeuten, er ist zu wenig gefestigt. Positiver gesehen bedeutet es, er ist an Antworten interessiert.«

Vranitzkys Mitarbeiter, besonders der kunstsinnige Rudolf Scholten, bringen ihren Chef systematisch mit Künstlern und Kreativen in Kontakt. Einmal eine Runde junger avantgardistischer Maler aus dem Kreis der Galerie Peter Pakesch, dann wieder arrangiert Kurt Kalb, der Katalysator der Wiener Kunstszene, bei sich einen Abend mit der arrivierten Avantgarde der bildenden Künstler. Attersee, Walter Pichler, Günther Brus und Hermann Nitsch – alle längst internationale Stars, in Österreich oft noch immer mit Argwohn und Abscheu betrachtet. Oder ein Essen in der Galerie Heike Curtze mit jenen Architekten, die mehr im Ausland als in Österreich bauen dürfen – Hans Hollein, Wilhelm Holzbauer, Boris Podrecca, Hermann Cech, Luigi Blau, Gustav Peichl; oder eines mit den Filmern Axel Corti, Wolfgang Glück, Ernst Josef Lauscher.

Unmittelbare Folge von all dem ist zunächst einmal, daß das sommerliche Kanzlerfest im Garten des Renner-Institutes wieder mit mehr Künstlern und Intellektuellen geschmückt ist als unter Sinowatz. Aber der Schickeria-Aspekt ist nebensächlich. Wichtig ist: Nach dem Architektenessen wurde der Bautenteil der Regierungserklärung umgeschrieben. André Heller lieferte Anregungen für den Kunstteil. Claus Peymann weiß, daß seine letzte Zuflucht der Kanzler ist, wenn ihm eine Million für die Teilnahme des Burgtheaters am Berliner Theatertreffen fehlt.

Andererseits zeigte sich Vranitzky auch beeindruckt,

als ihm der wegen seines »Orgien- und Mysterientheaters« angefeindete Aktionist und Maler Hermann Nitsch auf die Frage, was die beste Kulturpolitik sei, die Antwort gab: »Wenn man uns in Ruhe läßt.«
Weniger liberal hatte sich Vranitzky allerdings einmal gezeigt, als er noch Finanzminister war und – ohne ihn zu nennen – bei der Eröffnung der Wiener Herbstmesse den Österreich in treuer Haßliebe verbundenen Schriftsteller Thomas Bernhard attackierte: »Selbst wenn es möglich ist, sich bei einer renommierten österreichischen Kulturveranstaltung in einem westlichen Bundesland unter Einstreifung guter Steuerschillinge die eigene Verklemmung über dieses Land vom Leib zu schreiben . . ., so sage ich in Abwandlung eines historischen Wortes: In diesen Lagern ist nicht Österreich.«
Thomas Bernhard feuerte umgehend in der »Presse« eine Breitseite zurück (»Vranitzky. Eine Erwiderung« – 13. September 1985), in der er Vranitzky als »Provinzschnurrenfinanzminister«, »eitlen Geck«, und »dubiosen Nadelstreifsalonsozialisten á la Kreisky« bezeichnete.
Abseits von allen Schmähworten ging es aber letztlich darum, ob man einem Künstler, dessen Stücke bei staatlich subventionierten Festspielen aufgeführt werden (sich aber selbstverständlich auch auf dem »freien Markt« gut verkaufen), vorschreiben kann, was er über diesen Staat denken soll. Vranitzky weiß inzwischen längst, daß man es nicht kann. Er habe damals eigentlich nur ein wenig das Land verteidigen wollen, sei aber dann über den Beifall aus der falschen Ecke erschrocken. Es war dem ständig Lernenden eine Lehre.
Vranitzky sucht Antworten, aber sie müssen nicht unbedingt revolutionär sein. So sehr er die Förderung

von Modernität und Aufgeschlossenheit zu seinem Zentralthema gemacht hat, so wenig liegt ihm an der Entwicklung einer radikal neuen Welt. Er hat kein Bedürfnis nach einem Entwurf einer völlig neuen Ordnung. Mit der Welt, in der wir jetzt leben, steht er grundsätzlich im Einklang. Er möchte nur, daß alles ein wenig vernünftiger, gerechter und vor allem harmonischer funktioniert.

Gute Kenner seiner Laufbahn behaupten sogar, er sei vom Typ her überhaupt nicht der tatkräftige, selbstbewußte Retter in der Not, sondern eher durch Zufall in Positionen geraten, wo es etwas zu retten galt: in der Länderbank die Bank, als Finanzminister das Budget, als neuer Kanzler zunächst einmal die Wahl für die SPÖ.

Kennzeichnend für Vranitzky sei vor allem seine ungeheure Vorsicht. Er sei sogar ziemlich konfliktscheu. Seine Methode, in einer schwierigen Sache zu einem Ergebnis zu kommen, lasse sich etwa so beschreiben: So gut wie möglich Vorbedingungen schaffen oder durch Mitarbeiter schaffen lassen, verbal das Klima aufbereiten und dann warten, bis sich die Dinge von selbst ergeben. Das kann jedoch nicht immer funktionieren, denn Vranitzky fehlt die Freude an den kleinen taktischen Manövern des politischen Alltags, an den Tricks und Drehs, ohne die auch – und gerade – die großformatigen unter Österreichs Kanzlern – wie ein Figl, ein Raab oder ein Kreisky – nicht ausgekommen sind. »Das personelle Positionsspiel, dieses ›da haben wir wieder einen von uns hineingesetzt‹, das mag er nicht, beherrscht er nicht, davor hat er Angst«, sagt ein jüngerer SPÖ-Funktionär. »Wenn der Lichal (Verteidigungsminister, ÖVP – Anm. d. A.) stundenlang irgendeinen ÖAABler irgendwo als stellvertretenden Militärkommandanten hineinpressen will und

dabei mit Bruch der Koalition und Neuwahlen droht, da wird er eisig.«
Vranitzky spielt – im Gegensatz zu Kreisky – nicht gern auf den menschlichen Schwächen anderer Klavier – was ihm von denen, die gar keine andere Art des Politikmachens kennen, als Schwäche ausgelegt werden und daher leicht zu gefährlichen Fehleinschätzungen führen könnte.
Darauf angesprochen, ob er wohl Machtpolitiker genug sei, antwortet Vranitzky nur knapp: »Mag sein, daß mir das nicht auf der Stirn geschrieben steht.« Um dann eine indirekte Antwort zu geben: »Ich habe den Eindruck, den sicheren Eindruck sogar, daß die sogenannte Politikverdrossenheit in vieler Hinsicht eine Politikerverdrossenheit ist.« Der Funktionär alten Stils, der Gremienmensch sei passé.
Unversehens wendet sich an dieser Stelle das Gespräch Bruno Kreisky zu, der »damals eigentlich auch als Politiker einer neuen Kategorie, eines neuen Typs aufgetreten« sei. Vranitzky zieht Parallelen zwischen damals und heute: »Kreisky ist doch aus dem gewissen Trübsinn der sechziger Jahre entstanden. 1966 Alleinregierung der ÖVP, das war schlecht für die SPÖ, aber auch im ganzen Land eine Stimmung der Stagnation. Da kommt der Kreisky und bringt ein Bukett von neuen Ideen. Lädt 1 400 Fachleute ein und sagt, Burschen, arbeitets mit uns gemeinsam. Spricht in einer für die damaligen Verhältnisse sehr offenen Art das Verhältnis Sozialismus–Bürgertum und das Verhältnis Sozialismus–Kirche an. Stellt sich hin in seinen Nadelstreifanzügen und handgenähten Schuhen. Beschäftigt sich intensiv mit Außenpolitik. Das heißt, er war in seiner ganzen politischen Erscheinung etwas Neues.«
In seinem eigenen Selbstverständnis als »neue politi-

sche Erscheinung« ist Vranitzky offenbar nicht so weit von Kreisky weg, obwohl das Verhältnis der beiden im Moment und vielleicht auch auf Dauer gestört ist.
Kreiskys Haltung zu Vranitzky pendelte zwischen Extremen. In der Länderbank schien er ihn trotz der Eumig-Entscheidung als einzigen aus der Androschgruppe zu akzeptieren. Als er Kreiskys Mann Herbert Salcher als Finanzminister ablöste, meinte Kreisky, nun habe der Androsch-Clan endgültig gesiegt. Offenbar vom Lauf der Dinge eines Besseren belehrt, kommentierte er dann den neuen Kanzler Vranitzky im »profil« mehr als wohlwollend: »Jetzt hat man einen jungen Mann, und der macht sich sehr gut. Er kommt aus der Wirtschaft und hat einen hervorragenden Instinkt für die Politik. Und zum Unterschied zu einem seiner Freunde hat er auch keine Eile.«
Der Altkanzler zeigte sich dann sogar bei Wahlkampfveranstaltungen mit Vranitzky und war Ende 1986 noch der Meinung, Vranitzky solle Parteivorsitzender werden. Er glaube auch nicht, daß der die »Politik eines Bankdirektors machen« werde. Als Kreisky um die Jahreswende nach einem schweren gesundheitlichen Rückschlag zwischen Leben und Tod schwebte, besuchte ihn Vranitzky im Spital. Aber kaum hatte Vranitzky im Zuge der Koalitionsverhandlungen Alois Mock gegen den dringenden Rat Kreiskys das Außenministerium überlassen, war Vranitzky für ihn doch »den Banken verpflichtet«. Es sei eine »Clique am Werk«, und Vranitzky komme ja »aus dieser Ecke« (Androsch). Seit damals spricht man nicht mehr miteinander, um so mehr als Kreisky dann im Sommer 1987 in einem Interview für eine Schweizer Zeitung Fred Sinowatz de facto bezichtigte, hinter der Kampagne gegen Waldheim zu stehen.

Nach all dem ist zwischen den beiden »nicht mehr viel drin«, aber das hindert Vranitzky nicht, Kreiskys Bedeutung als singuläre Erscheinung der Zweiten Republik anzuerkennen und für sich selbst Parallelen zu ziehen.
Bis auf eine allerdings: Er ist fest entschlossen, früher abzutreten. »Der Abgang des Kreisky ist doch kein gutes Beispiel. Ich sage gar nicht, er hätte früher gehen sollen oder nicht früher gehen sollen, es waren nur objektiv die näheren Umstände des Jahres 1983 nicht so, wie ich es mir vorstellen würde, daß es einmal bei mir kommt.«
Wie soll es einmal bei ihm kommen?
»Ich will da sehr ehrlich sein. Mein Amt erfüllt mich und erfüllt mich in zunehmendem Maße. Aber trotzdem meine ich, daß man eine solche politische Spitzenposition nicht in der Perspektive von Jahrzehnten planen soll. Nehmen wir den Wallnöfer und den Kessler (langjährige ÖVP-Landeshauptleute von Tirol bzw. Vorarlberg – Anm. d. A.). Der eine war 23 Jahre im Amt, der andere 24. Den einen haben sie mehr oder weniger auf der Tragbahre hinausgetragen, und den anderen haben sie mit ein paar Pflichtübungen verabschiedet. Nach einer gewissen Anzahl von Jahren läßt eben die Kraft nach. Da sollte man eigentlich einem anderen Platz machen oder einen Nachfolger suchen. Fazit aus der langen Rede: 1995 – das wäre schon ein realistischer Zeithorizont. Das wäre der Zeitpunkt, wo man sagen sollte, jetzt kümmern wir uns um den Nachwuchs.«
Und dann?
»Ich werde heuer fünfzig. Da schadet es auch nicht, wenn man in die zweite oder dritte Position zurückgeht – Abgeordneter oder so. Ich glaube, es wäre sehr gut, wenn es einem gelänge, das Abtreten ohne Eklat

zu gestalten. So daß es weder für die Regierung noch für die Partei eine Katastrophe ist und man selbst sich nicht in ein Mauseloch nach Senegal verkriechen muß.«

1995 wäre Vranitzky dann gerade zwei volle Legislaturperioden Kanzler gewesen – jene Spanne, die er selbst für eine wirklich erfolgreiche Sanierungsarbeit für notwendig hält (»wobei man natürlich nie weiß, ob die Gesundheit hält oder ob ich zurücktreten muß, weil ein Regierungskollege in irgendeinen unfaßbaren Deal verwickelt ist«).

Aber ehe man ans Abtreten denkt, will man etwas geschaffen haben, das man hinterlassen kann. Jeder Politiker hat ja seine konkreten Projekte, sein erhofftes Denkmal. Bei Kreisky war es das Konferenzzentrum und die UNO-City (u. a.). Was wäre es bei Vranitzky?

»Etwas, was ich den ›Kulturraum Untere Donau‹ nennen möchte. Ein Gebiet östlich von Wien, wo Erholung, Kultur, Schiffahrt und Energie eine gestaltete Einheit bilden.« Das Projekt besteht aus einem Paket: Kraftwerksbauten östlich von Wien, darum herum eine Erholungslandschaft mit Wassersportgelegenheiten, offenbar hauptsächlich von der E-Wirtschaft bezahlt. Die Hainburger Au bleibt aber unangetastet und wird ein Nationalpark. Als »kultureller Erlebnisort« werden die teilweise schon renovierten Marchfeldschlösser mit Ausstellungen und Musikveranstaltungen eingebunden.

Vranitzky: »Das wird meine Denkmalgegend.«

Christine Vranitzky oder Die Geschäftsführerin

Warum Vranitzky ein ausgesprochener Sonderfall unter den Spitzenpolitikern ist

Politikerfrauen. Meist haben sie nur die Wahl zwischen zwei Rollenbildern: Lady Macbeth oder Mauserl. Die einen suchen über ihren Mann die Macht, die anderen fürchten und meiden sie. Österreich ist überwiegend Mauserl-Land. Politiker verstecken ihre Frauen, und die Frauen verstecken sich selbst: Lieber im Hintergrund bleiben, die Öffentlichkeit meiden, sich heraushalten aus der Pseudowelt, aus dem Leerlauf bei vollem Terminkalender. Wenn sie Glück haben, überstehen diese Frauen den Aufstieg, die Veränderung, die physische und – noch ärger – die seelische Abwesenheit des Mannes, den sie vor langer Zeit und unter ganz anderen Umständen geheiratet haben, mit halbwegs intakter Psyche.

Wenn nicht, dann folgen stille Verzweiflung, der Alkohol, die Beruhigungstabletten, nicht so selten der Selbstmord.

Politikerehen. Franz Vranitzky ist eine Seltenheit: Ein Spitzenpolitiker mit intakter, ja glücklicher Ehe. Das kann jeder sehen, der auch nur relativ kurze Zeit beobachtet, wie das Ehepaar Franz und Christine Vranitzky miteinander umgeht. Ungestreßt, selbstverständlich, herzlich.

Freunde und Mitarbeiter bestätigen es: Die Ehe der beiden ist nach 25 Jahren (im Frühjahr 1987 war »Silberne«) und nach noch längerer Bekanntschaft ein lebendiger, atmender Organismus geblieben.

»Sein Kraftquell ist die Familie«, heißt es oft in den bunten Wahlbroschüren. Vorne tollt der Kandidat mit Kind und Hund im Garten herum, während hinten die Hausfrau die appetitliche Jause bereitet (und hofft, daß der Fotograf endlich wieder geht).

Selbstverständlich hat sich auch Vranitzky diesem Diktat der Image-Designer unterworfen. Wenn nicht alles trügt, dann sind bei ihm aber Realität und Hochglanz-Idylle weitgehend deckungsgleich. Was sich seine Frau im Gespräch für dieses Buch so erklärt: »Er ist ja kein geborener Politiker, sondern ein Mensch.«

Christine Vranitzky (von ihrem Mann »Gisi«, aber auch »Putzi« genannt) ist eine attraktive, sportliche, immer braungebrannte Blondine Mitte Vierzig, die man leicht für eine erfolgreiche Geschäftsfrau halten könnte. Was sie auch ist. Vor zwei Jahren hat sie das Geschäft ihres Vaters übernommen: Erzeugung von orthopädischen Hilfen mit dazu passender Fußberatung im zehnten Wiener Gemeindebezirk Favoriten, einer traditionellen Hochburg der Arbeiterbewegung.

Sie sieht sich selbst als typische Wiener Geschäftsfrau mit den typischen Sorgen: Schikanen des Arbeitsinspektorats und so. Schon als junges Mädchen hat sie im Betrieb des Vaters mitgearbeitet, dann ausgesetzt, als die Kinder kamen, und jetzt führt eben sie den Betrieb. Der Vater war Sozialist, die Tochter war und ist nicht Parteimitglied. »Ist das schlimm?« fragt sie und gibt sich gleich selbst die Antwort: »Ich bin der Meinung, das muß man nicht sein. Das stößt nämlich viele ab von der Politik, daß man unbedingt Mitglied sein muß.«

Die Frau des österreichischen Bundeskanzlers gibt sich nicht allzuviel Mühe, um ihre an Verachtung grenzende Abneigung für die banalen und schäbigen Aspekte dessen zu verbergen, was sie die »Normalpolitik« nennt. Einem Liebdiener, der sich bei einem Empfang herandrängt, um seine seifigen Komplimente zu machen, kann sie schon einmal nach seinem Abgang einen verbalen Peitschenschmitz hinterher-

senden, der die umstehenden Zuhörer je nach Temperament begeistert oder in irritierte Unruhe versetzt. An der »Normalpolitik« oder der »alten Politik« stört sie das »viele Reden und Nichts-Tun. Daß niemand einen Schritt wagt, um es anders zu machen.« Aber dazu gehöre ja natürlich »ein bisserl Selbstvertrauen, das Wissen, schon einmal irgendwo etwas geleistet zu haben. Verantwortung für irgend etwas übernommen zu haben. Aber das hat ja keiner von denen.«
Frau Vranitzky hält also demnach offenbar ihren Mann nicht für einen »Normalpolitiker«?
»Er ist überhaupt kein Politiker. Ich habe früher immer gesagt, er darf nie in die Politik gehen, weil er zu menschlich ist. Wenn es wirklich hart wird, geht er drauf.« Christine Vranitzky hat »lange dagegen geredet«, als es zunächst darum ging, daß ihr Mann Finanzminister wird. »Aber ich habe ja gesehen, wie er mit sich kämpft, er hat ja genau gewußt, er will es nicht, und er hat aber gewußt, sie brauchen ihn. Und man kann sich nicht einfach immer nur drücken und sagen, die anderen sollen es machen. Wenn man kritisiert, muß man sich auch einmal selber hinstellen.«
Als dann das Amt des Bundeskanzlers anstand, erinnert sich Frau Vranitzky, sagte ihr Mann in den häuslichen Beratungen: »Wenn der Sinowatz schon so großartige Selbstüberwindung zeigt, daß er sagt, er schafft es nicht, dann muß man sagen, okay, ich nehme es auf mich, aber ich werde es anders, auf meine Art machen.«
Christine Vranitzky war damit einverstanden, denn »ich bin ja auch der Meinung, daß ein Land in der heutigen Zeit nicht mehr so geführt werden darf, wie es immer geführt wurde. Man muß es führen wie eine Firma. Und er ist ja ein guter Manager – also warum nicht?«

Warum nicht. Und wenn einmal alles wieder vorbei sein sollte, wenn der Bundeskanzler nicht mehr Bundeskanzler ist – dann »wird er irgendeinen anderen Job haben, und dann werden wir sehr glücklich sein.« Und im Tonfall absoluter innerer Selbstsicherheit: »Es wird sich nichts ändern bei uns.«
Das »bei uns« hat im Jahre 1958 begonnen, als sich der 21jährige Franz Vranitzky und die 18jährige Christine Kristen beim Basketballspielen kennenlernten. Beim damaligen Spitzenklub »Babenberg«, der übrigens zur »schwarzen« Union gehört, denn in Österreich sind auch die Sportvereine nach rot und schwarz getrennt.
Aufmerksam auf den gutaussehenden jungen Mann wurde eigentlich Christines Schwester Elfi, aber nach anfänglicher Ablehnung wegen seiner »Arroganz« (die in Wirklichkeit, wie heute, fast schüchterne Zurückhaltung war), besah sich Fräulein Kristen, immerhin auch Jugendmeisterin im Speerwurf und Weitspringen den Sportkameraden näher: »Mein Mann war ein Spieler mit Hirn, was beim Basketball viel Wert ist und auch gut ausschaut – wenn man nicht so durchsichtig spielt, sondern überlegt.«
Der junge Mann, mit 1 Meter 85 nicht einmal so besonders groß für einen Basketballspieler, war dann im Laufe seiner Sportkarriere immerhin 42mal in der Nationalmannschaft. Christine Vranitzky findet, daß der Franz damals so Basketball gespielt hat, »wie er heute Politik macht: nicht vordergründig, sondern ganz überlegt. Er hat jedes System durchgespielt – es gibt Einzelspieler, die dribbeln einfach nach vorn. Aber er hat Wert darauf gelegt, daß ein ganzes System durchgespielt wird. Es kommt dann auch zum Korb, nur ist es halt mehr als ein normaler Korbwurf.«
1962 wurde geheiratet. »Er hat nichts gehabt, und ich

habe nichts gehabt. Ich habe von meinen Eltern nichts gewollt, und wir haben ganz klein angefangen. Das erste war ein Roller. Das hat so seine Faszination. Nichts haben und doch mit dem bißl, was man hat, auskommen.«
Zuerst wohnte das junge Ehepaar bei den Eltern Christines in der Reisnerstraße im gutbürgerlichen dritten Wiener Gemeindebezirk, dann in einer kleinen Wohnung im selben Bezirk. Als der erste, kurze Posten als Kostenrechner bei Siemens kam, wurde ein alter VW gekauft: »Ich hab immer geglaubt, das schaffen wir nie, und dann ist es doch gegangen, und dann haben wir einen Volvo gekauft. Es ist sich immer ausgegangen.«
»Und das sage ich auch den Kindern jedesmal: Das ist so schön, miteinander von klein anfangen und miteinander alles aufbauen. Das ist der Grund, warum in jungen Ehen wenig gestritten wird, weil die müssen aufbauen. Gestritten wird dann, wenn sie es haben. Weil dann haben wir eh alles, und jetzt müßte ich eigentlich schauen, ob ich was versäume. Und da sag ich mir immer, was kann ich denn versäumt haben. Ich schau mir immer die anderen Ehen an, die zwei- oder dreimal verheiratet sind – immer dasselbe.«
Fazit von Christine Vranitzky: »Ganz jung heiraten – ich bin nach wie vor davon überzeugt, daß das ideal ist.«
Wenn die Entwicklung der Frau mit der des Mannes einigermaßen parallel läuft, muß man da hinzufügen. Sonst geht den Rest des Karriereweges eine andere, die Zweitfrau, mit. Spitzenpolitiker können sich allerdings im schein-katholischen, taufschein-katholischen Österreich nicht wirklich eine Scheidung leisten. Vor einigen Jahren mußte der ÖVP-Landeshauptmann von Oberösterreich, Erwin Wenzl, aus diesem Grund

zurücktreten. Auch Sozialisten wird die Trennung von der Gefährtin der frühen Tage übelgenommen, und das kann für die ganz große Karriere letztlich fatal sein. Andererseits bieten sich einem Politiker immer wieder bestimmte Gelegenheiten, denn »Macht ist das stärkste Aphrodisiakum«, wie schon Henry Kissinger aus dem eigenen Erfahrungsschatz berichten konnte.

Franz Vranitzky wäre in dieser Hinsicht von der Papierform her extrem gefährdet, weil er nicht nur ein mächtiger, sondern auch ein sehr gutaussehender Mann ist. Aber die Leute, die ständig – auf Reisen – um ihn sind, oder auch seine privaten Freunde erklären übereinstimmend: »Er schaut nicht einmal einer nach.« Frauen, die ihn kokett-berechnend »anfliegen«, sind Vranitzky sogar spürbar unangenehm.

Anzügliche Bemerkungen hat noch nie jemand von ihm gehört, die Herrenrunden-Fröhlichkeit, die sich auch unter Österreichs Führungselite so gerne breit macht, ist ihm ein Greuel, ordinäre Witze duldet er mit Leidensmiene. Wenn ihm ein hübsches, blutrot angelaufenes Steirerkind auf einer Wahlveranstaltung ein »Busserl« abverlangt, ist ihm das nicht ausgesprochen unangenehm. Aber im Grunde seines Herzens ist Franz Vranitzky ziemlich prüde. Ein »reiner Familienmensch«, wie ein Mitarbeiter sagt. »Wo er wirklich warm wird, ist die Familie.«

Die Familie besteht noch aus der Tochter Claudia, 20, Studentin auf der Wirtschaftsuniversität – groß, schlank, blond, sehr sportlich. Mitten im Nationalratswahlkampf 1986 stürzte sie auf der von Felszakken umrahmten Skipiste des Kitzbühler Horns so unglücklich, daß eine Niere unrettbar verletzt wurde. Heute ist alles fast wieder in Ordnung, der Mensch kann auch mit einer Niere gut leben. Der 17jährige

Robert geht in eine AHS im 19. Bezirk und kam schon einmal in die Zeitung, weil in seiner Klasse ein junger Neonazi sein Unwesen trieb.
Nicht nur zwischen den Eheleuten, sondern auch zwischen Vater und Kindern herrscht viel Nähe. Die Studentin Claudia wohnt noch zu Hause, den ersten Auszugsversuch hat ihr der Papa vorerst ausgeredet, wissend, daß es früher oder später nicht zu verhindern sein wird. Anhänger der progressiven gesellschaftspolitischen Linie in der Umgebung des Kanzlers (auch die gibt es) mokieren sich sogar ganz leise über die Intensität, mit der sich die immerhin halberwachsenen Kinder (auch physisch) an den Papi hängen.
Jedenfalls war es Christine Vranitzky, die »eher versucht hat, strenger zu erziehen, zu wissen, was sich gehört, wo man was zu tun hat«. Als die Kinder aufwuchsen, war im linken Milieu gerade die antiautoritäre Erziehung »in«, aber »ich war da so konservativ, und jetzt kommt man drauf, es war besser so. Die wenigsten Kinder haben das durchgehalten. Schon in der Schule haben sie den ersten Schlag gegen ihr Selbstvertrauen bekommen, von den Lehrern, und wenn sie dann in einen Job gehen, haben sie nichts als Schwierigkeiten. So ein Mensch wird ja dann nur abgelehnt.«
»Ich war eben die konservative, altmodische Mami.« Vielleicht auch deshalb, weil in den Jahren des ersten beruflichen Aufstiegs Christine Vranitzky die Hauptlast der Erziehung zu tragen hatte. »In den ersten Jahren der Ehe haben wir uns sehr wenig gesehen, da war er für die Nationalbank in Amerika, dann beim Bundesheer. Dann ist er zum Androsch – und da haben wir uns überhaupt nicht mehr gesehen. Aber da habe ich schon die Kinder gehabt, das war ›Beschäftigungstherapie Kind‹.«

Es ist nicht schwer, sich diese sympathische, gelassene Frau als Geschäftsführerin der Ehe Vranitzky vorzustellen. Nicht so sehr als Geschäftsführerin der Karriere ihres Franz, dafür ist ihr der politische Betrieb zu wesensfremd.

Aber: »Ich weiß schon genau, daß ich ihm dabei helfen muß. Mir macht das ja keinen Spaß, da hinzurennen zu den Salzburger Festspielen und die Quatscherei in den Pausen mitzumachen. Doch es kommt halt der Punkt – macht eine Frau mit bei allem, was der Mann macht, oder spielt sie nicht mit. Und dann funktioniert es halt nicht.«

Das Funktionieren erfordert immer seinen Preis. Für viele Politikerfrauen ist die Kompensation dafür die Möglichkeit, öffentlich Königinmutter spielen zu können. Ihre Vorsicht vor unbekannten, möglicherweise feindlichen Welten bewahrt jedoch die Frau des Bundeskanzlers davor, sich wie eine »Frau Bundeskanzler« aufzuführen.

Bei offiziellen Besuchen im Ausland wirkt sie nicht sonderlich beeindruckt vom Pomp. »Obwohl das Protokoll manches vorschreibt, laß ich mich nicht ganz unterordnen. Ich versuche das Programm so zu gestalten, wie es mir Spaß macht. Das hab ich zum Beispiel in Moskau als erste gemacht, das hat noch nie ein Mensch vorher gemacht. Aber ich bin ja frei.«

Beim USA-Besuch im Mai 1987 verblüffte sie die schwer gestreßten amerikanischen Leibwächter, denen Vranitzkys Neigung zu ausgedehnten Spaziergängen in ungewöhnlichen New Yorker Gegenden auf die Nerven ging, mit Süßigkeiten. Das typische Damenprogramm für die Gattinnen anreisender Würdenträger hat sie ausgeschlagen. Sie kennt Washington und New York schon.

Flügelschlagende Begeisterung über die tollen Erlebnisse in der großen Welt sind ihr völlig fremd. Niemand hat sie nach dem heiklen Besuch in den Niederlanden erzählen hören, wie »rei-zend« denn die Königin Beatrix gewesen sei . . .
Im Unterschied zu vielen österreichischen Politikerfrauen (und Politikern) ist Christine Vranitzky alles andere als provinziell. In Situationen, wo ihre natürliche Vorsicht noch ein wenig deutlicher spürbar wird, kann man davon ausgehen, daß sie soeben unbekanntes Terrain betreten hat.
Ihr Stil ist am besten als locker-sportlich zu beschreiben – von der Garderobe (mit einer Vorliebe für elegante Mantelkleider) bis zur Auswahl der Freunde. Das Ehepaar Vranitzky hat einige Freunde mit ganz leichtem Anhauch von Schickeria. Erfolgstypen, Realitätenhändler, Baulöwen, bekannte Ärzte. Nichts, was man abwertend als »neureich« bezeichnen könnte, eher gutverdienende Aufsteiger. Tüchtige Leute, die es zu etwas gebracht haben und nichts dabei finden, auch die Klatsch-Kolumnisten zu dem Fest einzuladen, das sie für den Kanzler geben.
Die Umgebung Vranitzkys will festgestellt haben, daß »der Chef« in den letzten ein, zwei Jahren ganz sachte einen zusätzlichen Kreis aufbaut, mit Künstlern und Intellektuellen in stärkeren Kontakt tritt (diskret gefördert auch durch seine beiden kunstverständigen Mitarbeiter Max Kothbauer und Rudolf Scholten).
Die Wohnung in der durch eine der Wiener Weingegenden führenden Sieveringer Hauptstraße ist der Versuch, mittels neu-englischem Stil etwas Wärme in einen kalt-brutalistischen Neubau aus der (Architekten-)Schule der Lieblosigkeit zu bringen. Das Objekt, von einer Firma für gehobene Eigentums-

bauten errichtet, hat als Vorzüge eine Schwimmhalle, eine Dachterrasse und einen Anteil an der Gartenfläche nach hinten hinaus zu bieten. Die Umstände des Hauserwerbs hat vor einiger Zeit die Aufmerksamkeit des gefürchteten Aufdeckungsjournalisten Alfred Worm vom »profil« erregt, doch nicht sehr nachhaltig (mehr darüber im Kapitel: »Die weiße Weste«).

Die Urlaube werden traditionell in einem gemieteten Haus am Wörthersee (in Krumpendorf) verbracht, einmal im Jahr unternimmt der Kanzler strapaziöse Bergtouren (zuletzt am Ankogel in den Hohen Tauern), bei denen seine Frau ohne besondere Anstrengung mithält.

Das ist möglich, weil der Sport ein Fixpunkt in ihrem Leben ist: »Ich habe schon fast jeden Sport begonnen. Vor einiger Zeit hat eine Freundin zu mir gesagt, du mußt einmal Golf probieren, und ich habe zwar gesagt, das ist ein Sport, den mache ich, wenn ich sechzig bin, aber ich habe doch damit angefangen.« Seither ist sie sehr häufig am Golfplatz in der Wiener Freudenau zu sehen und ist »eigentlich sehr fasziniert«. Mit Handikap 21 kann sie »überall mitspielen«.

So zwischen Geschäft, Sport und offiziellen Verpflichtungen wird der Tag nicht lang. Wenn aber der Kanzler zwischendurch vom Kanzlersein genug hat, dann »machen wir etwas, ohne daß es jemand weiß. Wir gehen schnell in den Wienerwald spazieren und kommen uns vor wie die schlimmen Kinder. Wir verstecken uns praktisch und sind dann richtig allein. Leider passiert es dann manchmal, daß wir zum Beispiel an einem Donnerstag um drei Uhr nachmittags eine halbe Stunde im Wienerwald im Häuserl am Stoan sitzen – und dann kommt einer und sagt, Ihnen geht es gut, Sie haben auch nichts zu tun den ganzen Tag. Das ist dann der Dämpfer drauf.«

Von den ersten Kanzlern des wiedererstandenen Österreichs – Figl, Raab, Gorbach, Klaus – hat man kaum gewußt, daß sie überhaupt verheiratet waren. Vera Kreisky fiel das Repräsentieren aus ihrem Naturell und auch aus Gesundheitsgründen sehr schwer, und Bruno Kreisky war da kein besonders rücksichtsvoller Partner. Die attraktive und warmherzige Hermi Sinowatz hätte ein wahres Aktivum für ihren Mann sein können, wenn sie nicht so eine intensiv private Person wäre.

Christine Vranitzky spielt im Vergleich dazu eine viel aktivere Rolle. Sie könnte sie – nicht zum Schaden, sondern mit Sicherheit zum Nutzen ihres Mannes und Österreichs – noch weiter ausbauen. Vielleicht kommt das noch. Aber sie hat keine Lust, für irgendwen – für die Frauen im Land oder gar für die Frauen in der Partei – eine Vorbildrolle zu übernehmen: »Das kann ich nicht. Ich bin keine Emanze. Ich bin vielleicht für Frauen ein Vorbild, die versuchen, eine ordentliche Ehe zu führen, ihre Kinder nach bestimmten Gesichtspunkten zu erziehen. Aber vor allem für Frauen, die ihr Leben gestalten können, ohne dem Mann auf die Nerven zu gehen.«

Dem Mann nicht auf die Nerven zu fallen kann aber doch wohl nicht der Sinn eines Frauenlebens sein? Was ist mit dem eigenen Leben? »Das ist schon in Ordnung. Es gibt Frauen, die ihr eigenes Leben nicht gestalten können und daher dem Mann auf die Nerven fallen. Ich bin manchmal froh, daß ich Zeit habe für mich, wenn er nicht da ist. Und wenn er dann wirklich kommt, dann nehme ich mir die Zeit für ihn. Es ist ein Miteinanderleben und nicht ein Gegeneinanderleben.«

Die weiße Weste oder Das Verhältnis zum Geld

Wie es mit den »Politikerprivilegien« des Franz Vranitzky in Wirklichkeit bestellt ist

Bundeskanzler Franz Vranitzky verdient monatlich rund 145 000 Schilling brutto. Umgelegt auf den Jahresbezug sind das rund 1,94 Millionen. Damit verdient Franz Vranitzky um eine ganze Menge weniger als viele andere Staatsdiener und sonstige Verantwortungsträger. Zunächst einmal steht der Bundeskanzler in der finanziellen Hierarchie weit unter dem Bundespräsidenten, der jährlich rund 4,5 Millionen bezieht (die folgenden Angaben beziehen sich größtenteils auf eine Aufstellung aus dem Wirtschaftsmagazin »trend« vom März 1987), oder dem Präsidenten des Nationalrates Leopold Gratz mit einem Bruttojahresbezug von 2,3 Millionen. Dies ließe sich zur Not damit begründen, daß auch in der protokollarischen Hierarchie der Kanzler eben erst an dritter Stelle hinter dem Bundes- und dem Parlamentspräsidenten kommt.

Vranitzky verdient aber auch am wenigsten von allen Mitgliedern der Regierung. Sein Vizekanzler und Außenminister Alois Mock findet mit 2,26 Millionen jährlich rund 300 000 Schilling brutto mehr auf dem Gehaltsstreifen. Oder der Finanzminister Lacina: 188 090 brutto monatlich (inklusive Kinderbeihilfe).

Diese Kuriosität erklärt sich daraus, daß die Mitglieder des Bundesregierung auch nach dem Dienstalter entlohnt werden, Lacina ist eben schon länger in der Regierung. Mock war vor fast 20 Jahren schon einmal Unterrichtsminister (in der Alleinregierung Klaus). Überdies sind die Gehälter der Regierungsmitglieder an das Beamtenschema gekoppelt. Vranitzky steht (laut offizieller Auskunft seines Büros) vierzehnmal im Jahr das doppelte Gehalt eines Sektionschefs der

Dienstklasse IX/2 zu. Das sind etwas mehr als 100 000 Schilling. Dazu kommt ein »Auslagenersatz« in Höhe von rund 30 Prozent des Bruttobezuges (nur zwölfmal).
Seit dem letzten »Privilegienabbau« sind Politikereinkommen voll zu versteuern (früher waren die Auslagenersätze steuerlich begünstigt), aber dafür sind die Finanzämter sehr milde bei der Anerkennung von »typischen Politikerausgaben« wie Trinkgelder für zur Begrüßung anmarschierte Musikkapellen, Pokale für Sportvereine usw., für die es kaum Belege gibt.
Diese Mußgeschenke sind eine österreichische (Un-)Sitte, die dazu führt, daß Vranitzkys Sekretäre stets (mit ziemlichem Unbehagen) kleine Kuverts mit 1 000-Schilling-Noten für solche Fälle bei sich tragen ... Obwohl diese »Werbegeschenke« vermutlich nur zum Teil aus der Tasche des Politikers kommen (den Rest zahlt die Partei), gehen sie doch ganz schön ins Geld.
Der wahre Aderlaß ist aber die sogenannte »Parteisteuer«, die gnadenlos von allen Politikern (und von parteinahen Managern in Staatsbetrieben!) eingehoben wird. Vranitzky zahlt mindestens 20 000 Schilling in die Kassen der SPÖ (Bundespartei, Parlamentsklub, Bezirksparteiorganisation), so daß ihm nach Abzug der normalen Steuer und der mafiosen Parteisteuer von seinen 145 000 Schilling brutto nur etwa 50 000 Schilling netto bleiben dürften.
Weniger als so mancher Star-Kolumnist bezieht, der regelmäßig gegen die hohen Politikergehälter wettert.
Und selbstverständlich verdient Franz Vranitzky jetzt viel weniger als in der Länderbank: Man kann davon ausgehen, daß er dort über drei, wenn nicht vier Millionen brutto bezogen hat.
Ein steiler Einkommensabfall, der jeden Top-Mana-

Der erste, der aus unserer Welt kommt

Der Bruch mit den Gewohnheiten

»Die Grundeinstellung der Arbeitenden in der Industriewelt muß vom Bewahren weggehen hin zum Neugestalten. Die Masse ist aber noch weit entfernt von dieser Umstellung«.

0
0A
1
1A
2
KODAK TMY 5053
KODAK TMY 5053
5
5A
6
6A
7
KODAK TMY 5053
10
10A
11
11A
12
KODAK TMY 5053
KODAK TMY 5053

Das neue Bild des Arbeitnehmers

»Die Sozialdemokratie ist angetreten als Interessenwahrerin des Arbeiters. Aber wer ist der Arbeiter heute?«

18
18A
19
KODAK TMY 5053
23
23A
24
24A
KODAK TMY 5053
28A
29
29A
KODAK TMY 5053

Die Vergangenheit, die nicht vergehen will

»Kurt Waldheim ist ein Symbol unserer nicht gelungenen Vergangenheitsbewältigung.«

17A
18
18A
19
19A
KODAK TMY 5053
KODAK TMY 5053
22A
23
23A
24
24A
KODAK TMY 5053
KODAK
27A
28
28A
29
29A
Y 5053
KODAK TMY 5053
KO

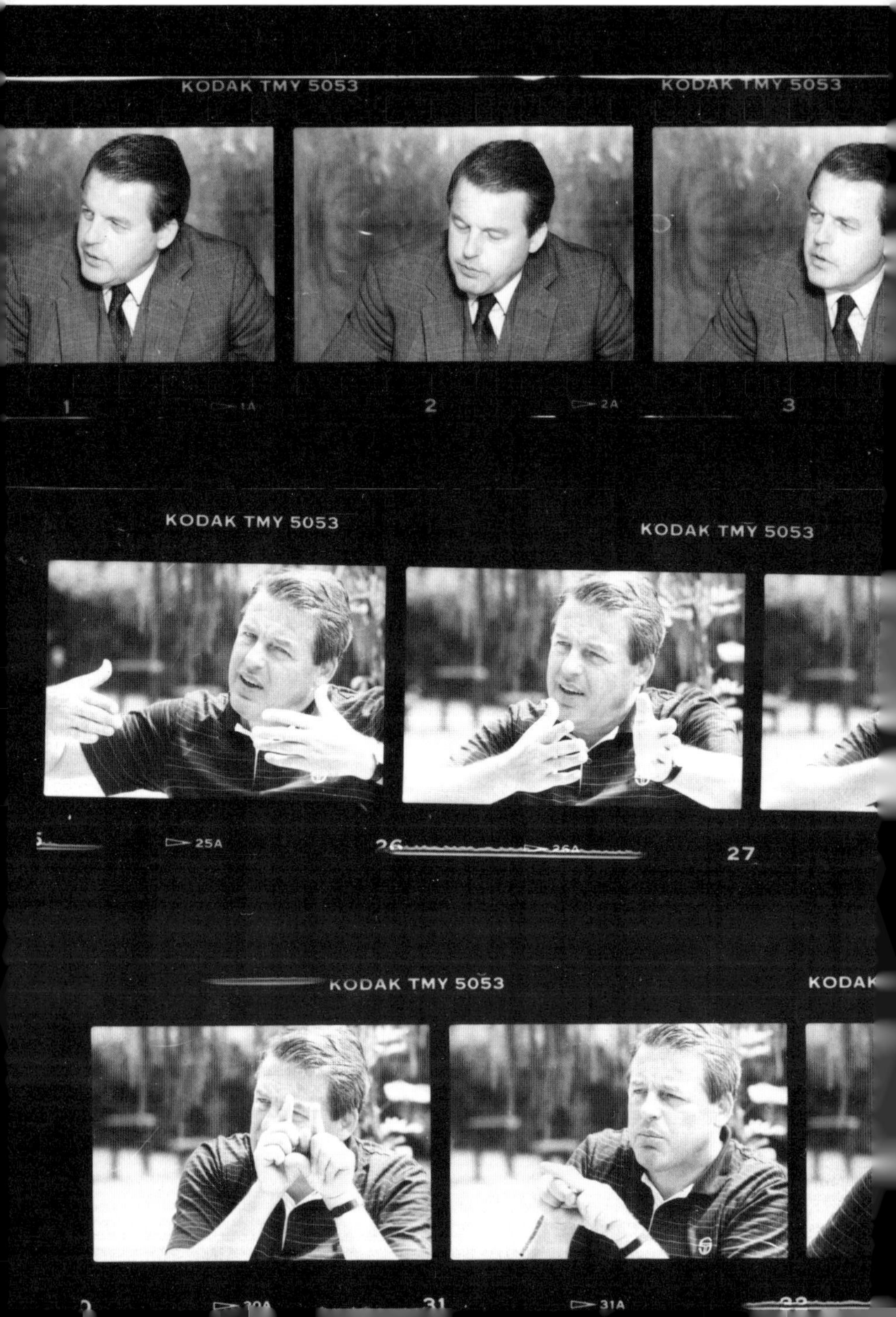
KODAK TMY 5053
KODAK TMY 5053
1
2
3
KODAK TMY 5053
KODAK TMY 5053
25A
27
KODAK TMY 5053
31
31A

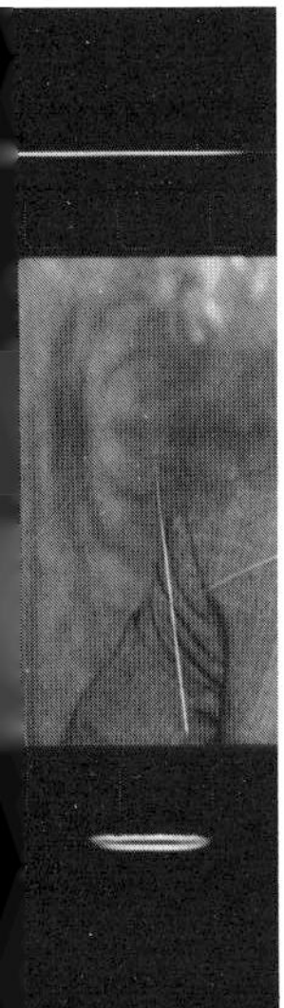

Ich glaube an eine starke Rolle des Staates

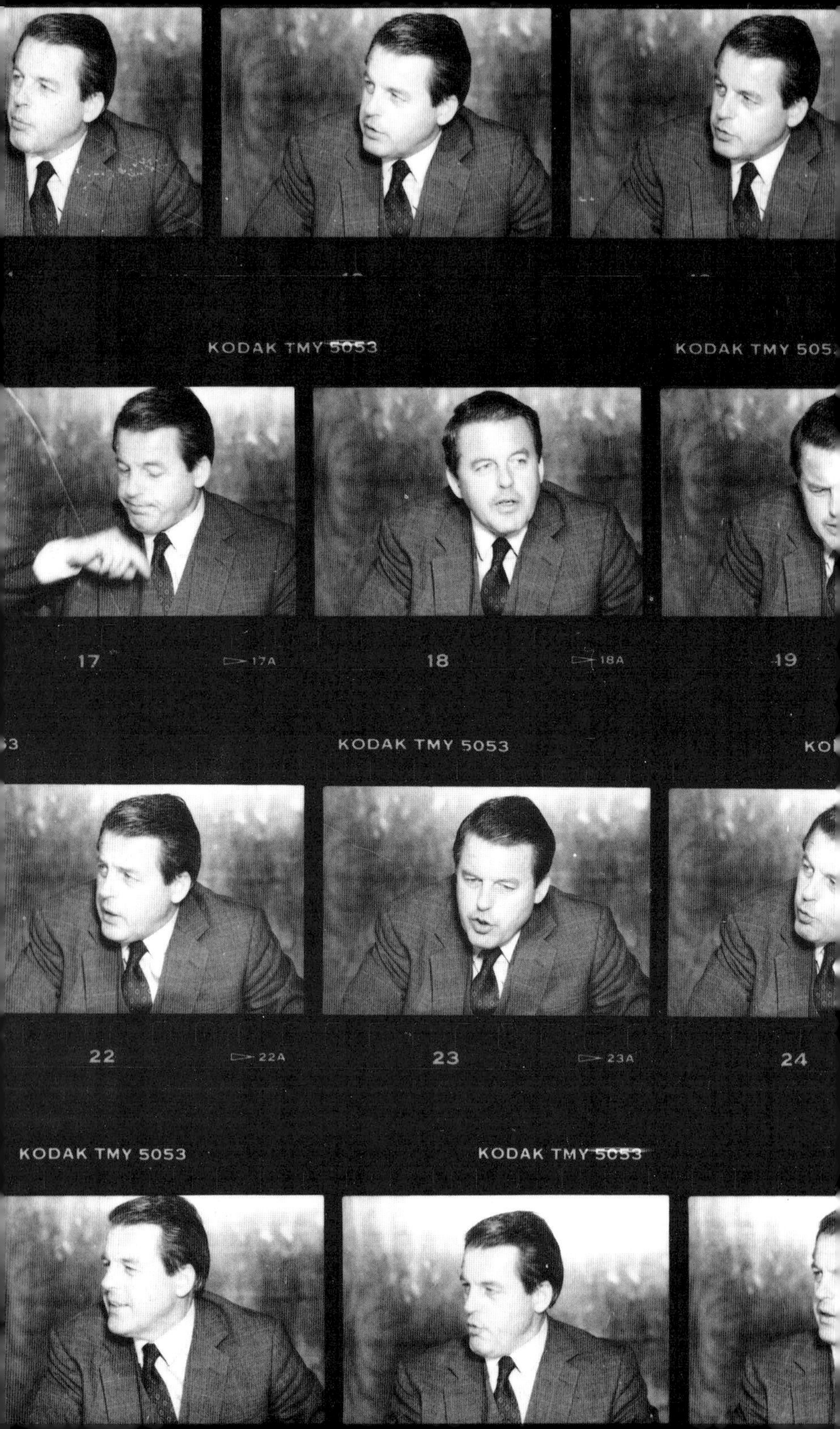
KODAK TMY 5053
KODAK TMY 505
17
17A
18
18A
19
KODAK TMY 5053
22
22A
23
23A
24
KODAK TMY 5053
KODAK TMY 5053

Vom Macher zum Stimmungs-Macher

kann nichts verspre-
. Ich kann nur den Auf-
bruch signalisieren.«

ger trifft, der in die Politik geht. So stürzte etwa Verstaatlichtenminister Rudolf Streicher, der nach wenigen Monaten von seinem Chefsessel im maroden Steyr-Konzern (ein CA-Betrieb) in die Regierung geholt worden war, von rund vier Millionen auf rund zwei Millionen brutto jährlich ab. Auch Hannes Androsch, der als CA-Generaldirektor ebenfalls rund vier Millionen bekommt, würde sich bei einer – höchst unwahrscheinlichen – Rückkehr in die Politik gehaltsmäßig eindeutig verschlechtern.
Im Falle Vranitzkys (und auch Streichers) wurde der Schock jedoch durch eine Abfertigung gedämpft, die Millionenhöhe erreichte. Fraglich ist nur die genaue Höhe, denn da hat Vranitzky sich nie ein Sterbenswörtchen entreißen lassen und nur hartnäckig auf seine »Privatsphäre« verwiesen. Aus Andeutungen seines Nachfolgers über die Berechnung der Vordienstzeiten und dem Abfertigungsgesetz kam das Wirtschaftsmagazin »trend« auf neun Zwölftel eines Jahresbezuges: Das wären bei geschätzten vier Millionen rund drei Millionen. Dieser (Mindest-)Betrag wurde nie bestätigt, aber auch nicht dementiert.
Und schließlich brachte dann auch noch die »Wochenpresse« heraus, daß Vranitzky von der CA bei seinem Ausscheiden ebenfalls eine Abfertigung in Höhe von 800 000 Schilling erhalten hatte.
Nun erhält im Geschäftsleben normalerweise nur der Angestellte eine Abfertigung, der gekündigt wird, nicht aber der, der sozusagen selbst kündigt. Vordergründig betrachtet, war ja Vranitzky aus eigenen Stücken von der CA in die Länderbank und von der Länderbank ins Finanzministerium gegangen. Daß da jeweils die Politik eine Rolle gespielt beziehungsweise sozusagen das Vaterland gerufen hatte, wäre nach strenger Betrachtungsweise seine Privatsache.

Aber in den obersten Führungsrängen der Wirtschaft ist alles ein wenig anders. Da schließt man mit Top-Leuten für sie günstige Verträge. Sonst würde man ja keine guten Leute finden, lautet das Argument. Eine solche Vertragsbestimmung ist eben eine Abfertigung bei Ausscheiden, wenn sich Arbeitgeber und Arbeitnehmer »in gegenseitigem Einvernehmen« trennen.

»In gegenseitigem Einvernehmen« trennt man sich in den Direktionsetagen öfters, auch wenn überhaupt kein Einvernehmen mehr herrscht, man aber ohne Krach auseinandergehen will. Gentlemen streiten beim Abschied nicht.

Es ist nicht anzunehmen, daß der Aufsichtsrat der CA oder der der Länderbank Vranitzky loswerden wollten. Warum man trotzdem die Lösung »in gegenseitigem Einvernehmen« wählte? Der Aufsichtsratspräsident der Länderbank, Alois Piperger, begründete das gegenüber dem »trend« so: »Wir haben der einvernehmlichen Lösung des Dienstverhältnisses ja nur zugestimmt, weil der Hauptaktionär Einfluß ausgeübt hat. Der Bundeskanzler (Sinowatz – Anm. d. A.) hat gesagt, er braucht den Mann, das sei eine übergeordnete staatspolitische Angelegenheit.«

Und: »Erst ist der Vranitzky unter materiellen Einbußen von der Creditanstalt in die Länderbank gekommen. Dann wurde er – wieder unter persönlichen materiellen Opfern – von der Länderbank ins Ministerium geholt. Eigentlich kann er einem leid tun.«

Also war die Abfertigung ein Trostpflaster für den Einkommensverzicht? Im Gespräch für dieses Buch reagiert Vranitzky darauf vehement: »Überhaupt nicht! Das würde ich von mir weisen. Der krasse Einkommensverlust ist nur ein Nebenaspekt. Ich finde diese Abfertigung deshalb gerechtfertigt, weil sie bei

Ausscheiden des Vorstandsmitgliedes – soferne er nicht silberne Löffel stiehlt oder selbst kündigt – im Vertrag verankert ist.«

Es war alles rechtmäßig, das war und ist Vranitzkys Verteidigungslinie in dieser Angelegenheit.

»Der Vorstandsvertrag in einer Aktiengesellschaft sieht ein Selbstkündigungsrecht gar nicht vor, weil der Vorstand auf Zeit bestellt ist. Ich war fünf Jahre bestellt und konnte mich vor Ablauf dieser Frist nur einvernehmlich von der Länderbank trennen (so wie sich umgekehrt die Länderbank nur einvernehmlich von ihm trennen konnte, Anm. d. A.). Mein Dienstvertrag hat diese einvernehmliche Lösung des Dienstverhältnisses vorgesehen.«

Alles war also schon festgelegt, lange bevor die Idee auftauchte, er könne Finanzminister werden. Offenbar auch die (Millionen-)Höhe der Abfertigung, die dadurch zustande kam, daß man Vranitzky Vordienstzeiten bis in seine Nationalbanktätigkeit zurück (mehr als 20 Jahre) anrechnete.

Aber selbstverständlich hätte die Länderbank (der Aufsichtsrat) Schwierigkeiten machen, der einvernehmlichen Lösung nicht zustimmen können. Oder die Abfertigung herunterhandeln. Daran lag den Herren aber offenbar nichts, denn dann hätten sie ja die beiden obersten Eigentümervertreter, den Kanzler und den neuen Finanzminister Vranitzky, möglicherweise verärgert. Das ist das Problem, wenn zwischen Staatsunternehmen und staatlichen Ämtern ein personeller Austausch stattfindet. Vranitzky sieht in alledem keine moralische Problematik: »Ich habe nie darüber gesprochen, aber da es meines Wissens nicht viele Leute gibt, die sich für ein politisches Amt zur Verfügung stellen und dabei maßgeblich, wirklich maßgeblich weniger an Einkommen beziehen, gibt es

da auch keine moralische Überlegung. Und bitteschön, letztendlich fühle ich mich ja als jemand, der diesem Staat und seinen Organen und Institutionen immer wieder verpflichtet war. Als man mich einlud, von der CA, die in einer untadeligen Situation war, in die Länderbank zu gehen, habe ich auch nicht gezögert, obwohl das eine sehr unsichere Sache war.«
Aber sind solche Abfertigungsregelungen unter dem Leistungsgesichtspunkt zu vertreten?
»Abfertigungen stehen nicht unter einem Leistungsgesichtspunkt. Abfertigungen stehen unter dem Aspekt vertragsrechtlich vorgesehener Umstände.«
Es ist klar, daß Vranitzky das krasse Mißverhältnis zwischen dem Einkommen eines Bundeskanzlers und etwa eines Bankdirektors oder des Chefs eines Industriebetriebes nur mit großer innerer Disziplinierung akzeptiert: »Innerhalb überschaubarer Grenzen soll verantwortungsvolle Arbeit gut honoriert werden. In der Politik wie in der Wirtschaft. Was da in der Öffentlichkeit geredet wird, ist oft gut gemeint, aber manches ist Pharisäertum. Wenn einer eine schwierige Aufgabe löst oder ein Unternehmen aus der Verlustzone führt, dann sind ja zehn Millionen im Jahr auch nicht zuviel. Wenn er nichts zuwege bringt, dann sind 25 000 im Monat zuviel. Und die Tätigkeit eines Politikers kann man ja außerdem bei jeder Wahl korrigieren, und von einem Manager kann man sich trennen.«
Abschließend: »Der Bezug des Bundeskanzlers ist so, wie er ist, sollen andere Leute sich darüber eine Meinung bilden.«
Nicht schwer zu erraten, woher Vranitzkys Gereiztheit in Sachen persönliche Finanzen kommt: Er hat jahrelang mit angesehen, wie Hannes Androsch »einen langen und schrecklichen Leidensweg« erlebte. Völlig losgelöst von der Frage, wie er Androschs pri-

vate Vermögensgestaltung beurteilt, aber das will er nicht auch mitmachen.
Ansätze dazu hat es gegeben: Die »Wochenpresse« konfrontierte im September 1984 den frischgebackenen Finanzminister damit, daß das Ehepaar Vranitzky 1982 einem Geschäftsmann für 200 000 Schilling Teppiche abkaufte – ohne eine Rechnung zu verlangen. Ein Delikt wäre freilich nur vorgelegen, wenn Vranitzky bewußt in Kauf genommen hätte, daß der Verkäufer Steuer hinterziehen wollte: Ein Schwarzgeschäft nach dem Motto: »Wenn Sie keine Rechnung brauchen, kriegen Sie es billiger.« Dagegen spricht aber der Umstand, daß Frau Vranitzky mit einem – verfolgbaren – Scheck statt mit Bargeld zahlte. Und in der Vermögenssteuererklärung sind die Teppiche angegeben.
Apropos Vermögen: Im Wahlkampf 1986 hat die »Wochenpresse« von allen Spitzenkandidaten eine Vermögensaufstellung eingefordert und auch erhalten. Vranitzky gab als »wichtigsten Vermögensanteil« eine Eigentumswohnung in Wien-Sievering an. Dafür hat sich schon früher Alfred Worm, der »Androsch-Jäger« des »profil«, interessiert und folgenden Sachverhalt herausgebracht:
Vranitzky wollte das Objekt, Teil einer Eigentumswohnungsanlage, ursprünglich kaufen, überlegte es sich aber dann und brachte die »Donau«-Versicherung als Käufer. Diese erwarb das Objekt um 5,6 Millionen Schilling im Jahre 1979 und vermietete es an Vranitzky zu einem sehr hohen Zins (151 Schilling pro Quadratmeter) weiter. Der Mietvertrag enthielt eine Kaufoption, und im Dezember 1982 erwarb Vranitzky die Wohnung um 5,5 Millionen.
Die »Donau« hatte aber trotzdem kein schlechtes Geschäft gemacht, weil sie in der Zwischenzeit 1,2 Mil-

lionen an Miete von Vranitzky kassiert hatte. Diese Miete wurde in den Kaufpreis nicht eingerechnet. Den Kaufpreis hatte Vranitzky allerdings von der »Donau« zum größten Teil (drei Millionen) als Kredit erhalten, zu einer Verzinsung von 8,5 bis 9,5 Prozent (Vranitzky heute: »Das war der Kapitalmarktzins plus ein Viertel Prozent oder so«). Worm macht geltend, der Hypothekarzins sei damals bei 12 Prozent gelegen. Vranitzky dagegen: »Einen Zinssatz zum Schaden der ›Donau‹ hätte weder der Aufsichtsrat noch die Aufsichtsbehörde akzeptiert.«

Wenn man nun noch hinzurechnet, daß Vranitzky in besagtem Haus noch eine Wohnung um 2,8 Millionen direkt von der Wohnbaufirma gekauft hat, so bietet sich folgendes Bild: Um zusammen 8,3 Millionen wurde ein Objekt gekauft, das folgende Einheiten beinhaltet: zwei Wohnungen, Schwimmhalle, Sauna, Dachterrasse, eine Gartenterrasse und einen kleinen Garten. Dies alles in einer schönen Gegend Wiens, aber an der Straße und nicht im ausgesprochenen Villenviertel.

Zusätzlich hat Vranitzky 1,2 Millionen für zwei Jahre Miete der einen Wohnung bezahlt. Aus all dem ist nicht wirklich ein Skandal zu machen.

Österreichs Politiker müssen sich solche peinlichen Durchleuchtungen ihrer finanziellen Verhältnisse murrend gefallen lassen, seit die Öffentlichkeit durch die Skandalwelle der frühen achtziger Jahre mißtrauisch wurde. Es ist einfach zuviel passiert.

Andererseits wird die Diskussion um die Politikergehälter unehrlich und im Zeichen des Neidkomplexes geführt. Die österreichische Mentalität ist nicht darauf ausgerichtet, ein hohes Einkommen oder Erfolg überhaupt als positiv und anstrebenswert zu sehen. Umgekehrt sind aber viele Österreicher schmunzelnd

bereit, die Bereicherung eines Politikers im Amt zu tolerieren: Er ist eben »ein tüchtiger Bursch«.
Jedenfalls stieße die Idee, die Gehälter von Ministern wenigstens denen von Bankdirektoren anzunähern, sicher auf empörten Widerspruch (die Vorstellungen über »angemessene« Entlohnung stehen übrigens auch sonst im krassen Gegensatz zur Realität: Nach einer Umfrage des IMAS-Institutes halten die Österreicher bei einem Primararzt ein durchschnittliches Einkommen von 49 000 Schilling netto für gerecht, bei einem Fabriksdirektor von 32 000 Schilling und bei einem Abgeordneten von 23 000 Schilling).
Mit seinem Kanzlergehalt wird Vranitzky jedenfalls angenehm (und angemessen) leben, aber keine Reichtümer anhäufen können. Daß er in den acht Bankjahren, wo er wirklich gut verdiente, als »wesentlichsten Vermögensbestandteil« ein Haus um neun Millionen angeschafft hat (zum Teil auf Kredit) und es dabei offenbar mit rechten Dingen zugegangen ist, wurde dargelegt. Die Weste des Bundeskanzlers ist somit nach dem bekannten Stand der Dinge weiß.
Die einzigen Zweifelsfälle bleiben freilich seine Abfertigungen durch die Länderbank bzw. durch die CA. Wenn die Chase Manhattan oder die Commerzbank einem Top-Manager solche Vertragsbedingungen bietet, um ihn zu ködern, so ist das eine Sache des Spiels von Angebot und Nachfrage auf dem Markt für Spitzenpersonal. Aber bei Staatsbanken, deren Führung von Parteien bestimmt wird? Vranitzky kann freilich zwei Dinge für sich geltend machen: Obwohl er auf Grund eines politischen Willensaktes zuerst in die CA und dann in die Länderbank geschickt wurde, hat er das Vertrauen in seine Qualitäten nicht enttäuscht und somit quasi nachträglich die Gewährung einer sehr günstigen Vertragsbestimmung gerechtfertigt.

Und zweitens: Er hat sich ja nicht ein bisher unbekanntes Privileg herausgeschunden, sondern nur in Anspruch genommen, was bisher üblich war. Keine Frage der Moral, sondern eine der Systemakzeptanz. Wenn das für ihn vereinbar ist mit seiner Vision eines neuen Österreichs, warum hätte er dann verzichten sollen?

Der Clan oder Das Verhältnis zu Hannes Androsch

Wie Vranitzky zu einem alten Freund steht, der ein gewisses Problem geworden ist

Am 10. Dezember 1986 sagte der Generaldirektor der Creditanstalt, Hannes Androsch, in einer Pressekonferenz zu Fragen seiner Bank fast nebenbei auf eine Journalistenfrage: »Ich schließe einen Eintritt in jede künftige Bundesregierung aus.« Dies sei als langfristige Absage an jede entsprechende politische Tätigkeit gemeint.
Damit hatte, ohne daß dies die Medien besonders groß vermerkt hätten, der ehemalige Vizekanzler, Finanzminister, langjährige »Kronprinz« Bruno Kreiskys – kurz, eine der größten politischen Potenzen des Landes – erstmals in dieser dezidierten Form seine politischen Hoffnungen begraben.
In diesen Tagen führten ÖVP und SPÖ intensive Verhandlungen zur Bildung jener großen Koalition, die zum Zeitpunkt der Niederschrift dieses Buches Österreich regiert. Jedermann – auch Androsch – ging davon aus, daß diese Koalition zustande kommen und der Bundeskanzler Franz Vranitzky heißen würde.
Der zeitliche und inhaltliche Zusammenhang liegt auf der Hand. Androsch überließ das Feld einem Mann, der einmal sein Mitarbeiter, ja Untergebener gewesen war, aber in der Öffentlichkeit als ein anderer, »besserer« Androsch gilt. Androsch hatte immer Bundeskanzler werden wollen. Vranitzky war es nun endgültig geworden. Eine veritable Verzichtserklärung. Der Herzog räumt ein, daß der Schildträger nun König geworden ist.
Aber die Frage bleibt: Wie sehr hat sich Vranitzky von Androsch lösen können? Ist er nicht nach wie vor ein Mitglied des Androsch-Clans? Wenn Androsch

der Boß einer »Mafia-Familie« ist (wie seine Gegner behaupten), was ist dann sein langjähriger Mitarbeiter, Freund und Vertrauter? Kann man seinen Austritt aus der Mafia erklären? Man muß gar nicht so dramatisch werden, um die Bedeutung des »Androsch-Syndroms« für Franz Vranitzky zu erkennen.
Es geht schlicht darum, ob der Bundeskanzler der Republik Österreich sein eigener Herr ist. Oder ob und wie sehr er nach wie vor unter dem Einfluß eines ebenso faszinierenden wie umstrittenen, ebenso begabten wie hemmungslosen Machtmenschen steht.
In einem Interview mit dem Nachrichtenmagazin »profil« hat Vranitzky versucht, das Thema »Androsch-Clan« wegzuwitzeln: »›Der Clan.‹ Das klingt so wie die schottischen Familienmitglieder.«
profil: »Weiter südlich.«
Vranitzky: »Na, soll sein walisische Mitglieder. Oder was immer.«
profil: »Noch weiter südlich. Sizilianisch.«
Vranitzky: »Weder gehöre ich einer Gruppierung an, die dudelsackpfeifend um Mitternacht sich an nebeligen Mooren trifft, noch kann ich über irgendeine ausgeprägte Beziehung zu einem sizilianischen Familienoberhaupt etwas Konkretes berichten.«
Im Gespräch für dieses Buch war der Kanzler zu einer etwas seriöseren Diskussion aufgelegt: »Man muß doch klären, was ein Androsch-Clan eigentlich ist. Man kann es als eine Gruppe von Personen ansehen, die mit Androsch gearbeitet haben. Wenn man aber Androsch nimmt als Symbol für eine bestimmte grundsätzliche politische Einstellung – leistungsorientiert, international, dynamisch –, dann gibt es sehr viel Übereinstimmung.«
Interpretation: Wir sind zwar weltanschaulich ungefähr auf der gleichen Wellenlänge, aber zu einer

»Gruppe«, zu einem Verein von »Ehemaligen« gehöre ich nicht mehr.
Bleibt aber doch die auch von Vranitzky nicht geleugnete Tatsache, daß er Androsch seinen Aufstieg verdankt? Das stimmt und stimmt in einer entscheidenden Nuance doch nicht. Vranitzky verdankt Androsch seinen Einstieg: den Einstieg in die österreichischen Machtstrukturen. Das war die Chance, die der 33jährige Vranitzky als Mitarbeiter im Androsch-Ministerium bekam, das damals das Zentrum einer neuen, dynamischen, von Gestaltungswillen geprägten Wirtschaftspolitik war. Diese Chance hat er genutzt – und dabei seinen Mentor überrundet, indem er ihn überflüssig machte.
Hannes Androschs politischer Sex-Appeal, sein Wert für die SPÖ bestand in seinem Nimbus als dynamischer, pragmatischer Wirtschafts-Macher. Ob dieses Bild der Realität entspricht, darüber wäre gesondert zu diskutieren. Aber vom Bild in der Öffentlichkeit her verkörperte Androsch die Wirtschaftskompetenz schlechthin. Außerdem war und ist er in der Bevölkerung beliebt, hat bei den diversen Umfragen immer noch gute Werte.
Kanzlermaterial, keine Frage. Wenn da nicht zwei Dinge wären. Erstens der massive Verdacht, daß Androsch während seiner Zeit als Finanzminister Steuern in Millionenhöhe hinterzogen hat. Zweitens die Frage von Androschs Charakter. Nicht nur die Feinde in der eigenen Partei, sondern auch Außenstehende mit Einblick in das Verhalten des vermeintlichen »Sunny-boy« Androsch fürchten seinen ungebremsten Machtwillen und eben auch seinen »Clan« aus strategisch placierten Freunden und Freunderln. So sehr Androsch immer noch bei vielen einfachen Menschen in den Betrieben, bei vielen Gewerkschaftern beliebt

ist, so wenig viele Österreicher in ihrer Schlawinermentalität etwas daran fänden, wenn er sich unkorrekt bereichert hätte – so sehr ist er doch vielen, die sich um Österreichs relativ unentwickeltes Demokratieverständnis Sorgen machen, schlicht und einfach unheimlich.

Franz Vranitzky gilt hingegen als genauso tüchtig wie Androsch, ihn umgibt aber weder Korruptionsverdacht, noch hat er jemals das Borgia-Naturell des Hannes A. gezeigt.

Ein »Androsch mit einer weißen Weste«? Vranitzky ist mehr als das, aber für das polit-strategische Schachspiel genügte diese Charakterisierung. Denn das war genau die Überlegung, die den damaligen Kanzler Fred Sinowatz bewog, sich Vranitzky als Finanzminister zu holen. Dem Autor dieses Buches deckte er seinerzeit in einem Hintergrundgespräch sein Kalkül auf: »Wenn die Leute kommen und sagen: ›Wir brauchen den Androsch‹, dann kann ich antworten: ›Wir haben schon einen . . .‹«

Es mußte nur eine Gelegenheit kommen, um den politisch glanzlosen, amtierenden Finanzminister Herbert Salcher loswerden zu können. Im Sommer 1984 lieferte Salcher den Anlaß selbst. Ein bis heute ungenannter Zeuge hatte ihm brisante Informationen über Androschs Steuerverfahren gegeben, und Salcher, sicher ein integrer Mann, aber auch ein wenig ein Tiroler Querkopf, ging damit zum Staatsanwalt. So wenig Sinowatz für Androsch übrig hatte – aber das verletzte sein Verständnis von Loyalität innerhalb der Partei: Ein Sozialist zeigt nicht einen anderen beim Staatsanwalt an. Ein Minister hetzt nicht die Justiz auf seinen Vorgänger.

Außerdem: So sehr Sinowatz überzeugt war, daß man Androsch politisch ruhigstellen müsse, einen Riesen-

skandal wollte er nicht. Ihn störte zwar die »Grauzone« (sein Wort) rund um die Finanzen des ehemaligen Finanzministers, aber an einer schonungslosen Aufdeckung mit all dem Schaden für die Partei war er nicht interessiert.
Also wurde Salcher im Rahmen einer größeren Regierungsumbildung gefeuert und der »bessere Androsch« Vranitzky als Finanzminister geholt.
Womit der ehemalige Androsch-Mitarbeiter auch den Androsch-Akt erbte und damit einen Interessen- oder sogar Gewissenskonflikt, wie man ihn sich belastender kaum vorstellen kann.
Androsch betrachtet sich zudem als Verfolgter, dessen Verfahren ewig fortgeschleppt werden, um ihn politisch zu neutralisieren. Die Kehrseite dieser Medaille ist jedoch, daß von Anfang an die Finanzbeamten, die ihren eigenen Chef zu untersuchen hatten, über eine Vielzahl höchst merkwürdiger Umstände hinwegsahen und daß die strafrechtliche Seite der Angelegenheit vom damaligen Justizminister Broda in den Anfängen mit Weisungen niedergehalten wurde.
Nach jahrelangem Hin und Her zeichnete sich aber im Sommer 1987 eine potentielle Verschlechterung der Situation für Hannes Androsch ab. Für den Herbst wurde nun doch ein neuer Steuerbescheid erwartet, der nach der Faktenlage nicht günstig für Androsch ausfallen konnte.
Das ist der Punkt, an dem im Gespräch für dieses Buch versucht wurde, Vranitzky zu fragen, wie er inhaltlich zur Steuersache Androsch steht. Ganz konkret: »Glauben Sie, daß Hannes Androsch der massiven Steuerhinterziehung als Finanzminister zu Unrecht beschuldigt wird?«
Es ist schon ein Fortschritt, wenn Vranitzky sich nicht von vornherein weigert, dieses Thema zu erörtern.

Nach kurzer Nachdenkpause nahm er dann seine Zuflucht zu einem Zitat von Leon Blum, einem französischen Politiker der Zwischenkriegszeit und Begründer der »Volksfront«-Regierung: »Ich glaube, weil ich hoffe!«
Nun schwören Franz Vranitzkys Mitarbeiter heilige Eide, daß sich der Chef weder als Finanzminister noch als Kanzler je inhaltlich über den Steuerakt Androsch hat berichten lassen, sondern sich nur über den verfahrenstechnischen Fortgang informiert hat. So gesehen könnte sich Vranitzky über die Stichhältigkeit der Anschuldigung tatsächlich noch kein Urteil gebildet haben.
Aber man kann getrost davon ausgehen, daß Vranitzky das »profil« liest, in dem viele Dokumente aus dem berühmtesten Steuerfall der Nation originalgetreu abgedruckt werden.
Vor allem der sogenannte »Gerichtsbeschluß« des Untersuchungsrichters Zelenka, der mit seiner peniblen Spurensuche auf verschlungenen Konten-Wegen und -bewegungen fündig geworden ist und Hannes Androschs Verteidigungslinie kraß in Frage gestellt hat.
Kurz rekapituliert: 1975 kaufte der damalige Finanzminister Androsch in der Wiener Nobelgegend Neustift eine Villa um 12 Millionen Schilling. Den Kaufpreis finanzierte er zum Teil (rund fünf Millionen) mit unversteuerten Geldern, die angeblich seinem »Wahlonkel« gehörten, einem mittellosen, pensionierten Arzt.
Die damit in Zusammenhang stehenden Verfahren wurden vom damaligen Justizminister Broda niedergeschlagen, bzw. erkannte in einer Schlußbesprechung im Jahre 1984 die Finanzbehörde (gegen die Meinung der befaßten Prüfer) Androschs »Wahlonkel«-Version an.

Darauf folgten der geheimnisvolle Zeuge und Salchers Gang zum Staatsanwalt und Sturz. Durch die Anzeige bei der Staatsanwaltschaft wurde nun aber das Gericht tätig, das offenbar energischer untersuchte als die Finanzbehörde. Im Jänner 1986 veröffentlichte Zelenka seinen »Beschluß«, der auf Grund von Kontenvergleichen die schwarzen »Wahlonkel«-Millionen wieder Androsch zuordnet, darüber hinaus einen ungeklärten Vermögenszuwachs von fast sechs Millionen feststellt und eine »verdeckte Gewinnausschüttung« in Millionenhöhe durch Androschs ehemaligen Teilhaber Franz Bauer vermutet (was wiederum ein indirektes »Mitschneiden« am AKH-Skandal in den Raum stellt).
Daneben gab es noch ein Verfahren wegen falscher Zeugenaussage, das im Sommer 1987 auch tatsächlich zu einem »Strafantrag« gegen Androsch führte. Wichtiger ist aber, daß durch die Erkenntnisse des Gerichts die Finanzbehörden (höchst widerwillig) gezwungen waren, den Fall neu aufzurollen. Die entsprechenden Bescheide wurden im Sommer 1987 für den Herbst erwartet. Kommen sie tatsächlich, so gibt es einmal die Möglichkeit, daß sich die Hinterziehungssumme so auf Androschs Familie aufteilt, daß die Grenze, über der das Finanzverfahren automatisch zu einem Strafverfahren bei Gericht wird, unterschritten bleibt. Damit bliebe Androsch ein Strafverfahren erspart.
Auf alle Fälle aber wird Androsch die neuen Steuerbescheide, so sie gegen ihn erlassen werden, durch alle Instanzen bekämpfen: Finanzbehörden erster Instanz (Finanzämter), Berufung, Finanzlandesdirektion, wieder Berufung, zuletzt Verwaltungsgerichtshof. Das kann weitere Jahre dauern.
All das weiß auch Vranitzky. Vor diesem Hintergrund ist daher sein abschließendes Urteil zum

Steuer-Kriminalfall Androsch zu sehen: »Ich glaube, daß es nicht möglich sein wird, eine glasklare Klarheit herzustellen.« Dies liege an der Langwierigkeit des Verfahrens, am Umfang des Materials und an der generellen Kompliziertheit.

In seiner Zeit als Finanzminister hat es Vranitzky zumindest nach außen hin sehr geschickt verstanden, eine Entscheidung im Fall Androsch von sich fernzuhalten. Zu Hilfe kam ihm dabei, daß er sich lange Zeit – von seiner Bestellung Anfang September 1984 bis zur Vorlage des Gerichtsbeschlusses durch Zelenka im Jänner 1986 – darauf berufen konnte, die Sache läge nun beim Gericht und nicht bei der Finanzbehörde. Als dann Zelenka die bedenklichen Ergebnisse seiner Recherchen der Finanz übergab, hätte Vranitzky theoretisch der Finanz einen Wink geben können, nicht weiterzumachen.

Er tat es nicht. Man kann das als ersten Schritt zur Distanzierung von Androsch sehen.

Zumindest ein hochrangiger Mann aus der alten »Androsch-Partie« sieht das auch so: »Keine Weisung zu geben, bedeutet ja in Wirklichkeit doch eine Weisung geben.«

Was dieser Kenner der österreichischen Hochbürokratie meint, ist: Wenn die Beamten »von oben« keine Weisung bekommen, den Fall für Androsch pfleglich zu behandeln, so werden sie wohl daraus schließen, daß man höheren Orts den Dingen ihren Lauf zu lassen wünscht. Da die von Zelenka zu Tage geförderten Sachverhalte Androsch wirklich gefährlich zu werden drohten, hätte ein »wahrer Freund« Vranitzky eingreifen müssen. Andererseits konnte er sich das angesichts der Brisanz des Materials und der Qualität der richterlichen Erkenntnisse in Wirklichkeit gar nicht leisten.

Ein Freund sowohl von Androsch als auch von Vranitzky, der Verstaatlichtenminister Rudolf Streicher, ist allerdings der Ansicht, der Kanzler wäre auch jetzt noch am besten beraten, »den Problemknoten mit dem Schwert durchzuhauen, mit dem Verfahren Schluß zu machen. Dafür kriegt er genausoviel Bravo wie Kritik.«

Franz Vranitzky wird so etwas mit größter Sicherheit nicht tun. Er wird zu vermeiden suchen, Androsch in der Steuersache aktiv schaden zu müssen. Er wird ihm aber kaum aktiv helfen. Man könnte spekulieren, daß er über die Verschleppung der Sache nicht unglücklich ist und insgeheim nicht mit ihrem Abschluß rechnet. Daß Hannes Androsch nicht in echte Bedrängnis gerät, aber auch aus dem Schatten des Verdachtes nicht mehr heraus kommt.

Das sind aber eben Spekulationen. Faktum ist: Vranitzky muß die Angriffe gegen Androsch zur Kenntnis nehmen, will aber die alten Zeiten nicht ganz vergessen.

Trotzdem ist klar, daß fundamentale Charakterunterschiede zwischen den beiden bestehen. »Natürlich hat er auch den Einkommenswillen«, sagt ein hoher sozialistischer Politiker, »aber deswegen gehört er doch nicht zu dieser Verdienerpartie.«

Noch signifikanter sein Kabinettschef Max Kothbauer: »Er wird nie einen eigenen Clan haben. Er hat überhaupt kein erotisches Gefühl zur Macht.«

Unbestritten war für Vranitzky die Zeit mit Androsch eine der anregendsten Perioden in seinem Leben. Es war die Zeit der großen Veränderungen, des Reformeifers der ersten Kreiskyschen Jahre. Bruno Kreisky hatte 1970 die relative Mehrheit errungen und (mit einer absichernden Absprache mit der FPÖ im Rükken, die ihm eine informelle parlamentarische Mehrheit garantierte) eine Minderheitsregierung gewagt. Der Finanzminister, mit dem er Österreichs Wirtschaft »europareif« machen und auf die »Überholspur« setzen wollte, war der 32jährige Hannes Androsch, ein James-Dean-Typ im Winterpalais des Prinzen Eugen. Österreich erlebte die längste und kräftigste Hochkonjunkturphase seiner Geschichte, es galt, den Wohlfahrtsstaat nach schwedischem Muster aufzubauen und gleichzeitig die Wirtschaft in den sozialistischen Griff zu bekommen. Dazu benötigte er gute Leute.

Heinz Kienzl, damals stellvertretender Generaldirektor der Oesterreichischen Nationalbank, empfahl Vranitzky.

Kreisky wagte dann 1971 das kalkulierte Risiko von Neuwahlen (»Laßt Kreisky und sein Team arbeiten!«), errang die absolute Mehrheit, und nun konnte die Veränderung Österreichs mit vollem Schwung beginnen. Eine Schlüsselstellung hatte dabei Hannes Androsch.

Vranitzky heute: »Es war ein großer Aufbruch mit vielen Leuten aus Industrie, Forschung und Kultur. Es herrschte Rede und Gegenrede. Es war eine ständige Freude am Diskutieren und Nachdenken.«

Damals bildete sich auch aus relativ jungen, begabten, arbeitswütigen und aufstiegswilligen Leuten der »Androsch-Clan«: an erster Stelle Beppo Mauhart, Pressesprecher, Imagepolierer und quasi der »consigliere« an der Seite des »Paten« Androsch, heute Generaldirektor in den staatlichen »Austria Tabak Werken«; Herbert Cordt, heute Vorstandsmitglied in der Länderbank; Rudolf Streicher, heute Verstaatlichtenminister, und andere.

Man arbeitete hart – auch am Manager-Image des Chefs, der immer häufiger in den Klatschspalten und auf den Festen der Schickeria auftauchte –, versorgte Kreiskys Füllhorn-Politik mit dem notwendigen Geld, zog aber auch wichtige Reformen durch. Die Umstellung des Umsatzsteuersystems auf die Mehrwertsteuer wurde von Franz Vranitzky begleitend betreut, er selbst bezeichnete das in einem Resümee-Interview anläßlich seiner Übersiedlung in die Creditanstalt als seine größte Leistung in dieser Zeit (später darauf angesprochen, hat Androsch diese Leistung heftig für sich selbst reklamiert).

Dann kam im Oktober 1973 der Jom-Kippur-Krieg zwischen Ägypten und Israel, darauf 1974 die enorme Ölverteuerung und damit 1975 der Konjunktureinbruch auf der ganzen Welt. Androsch begann, auf Kreiskys Geheiß, Schulden zu machen, um die Wirtschaft anzukurbeln. Damals, es war auch ein Wahljahr, entstand Kreiskys berühmter Slogan: »Ein paar Milliarden Schulden machen mir weniger schlaflose Nächte als ein paar tausend Arbeitslose . . .«

Die Herbstwahl 1975 endete wieder mit der absoluten Mehrheit für Kreisky. Aber die guten Jahre waren vorbei – in jeder Hinsicht. Androsch spürte, daß für die Schuldenpolitik, die er virtuos weiterbetrieb, die Rechnung zu bezahlen sein würde. Er wollte selbst Bundeskanzler werden – oder, wenn das nicht möglich war, Präsident der Nationalbank. Das gewaltige Wachstum seiner Steuerberatungskanzlei »Consultatio«, ja die Tatsache, daß ein Finanzminister gleichzeitig eine Steuerberatung betreibt, begann die kritische Aufmerksamkeit der Zeitungen und die Wut Kreiskys zu erregen.

Franz Vranitzky erlebte das alles nicht mehr aus unmittelbarster Nähe mit. Androsch hatte ihn ja in die Creditanstalt geschickt.

Vranitzky hat das, was sich dann rund um die »Con-

sultatio« tat – Kreisky setzte durch, daß Androsch die Kanzlei sozusagen der Geschäftsaufsicht von drei Treuhändern unterwarf, die Unvereinbarkeiten verhindern sollten –, per Distanz beobachtet.
Per Distanz begann er, wie er im Gespräch für dieses Buch sagte, »Angst um den Hannes zu kriegen«. Sicher auch deshalb, weil Kreiskys Treuhänder-Spiele ganz offensichtlich nur der Auftakt zu einer schrittweisen Demolierungskampagne gegen den »Ziehsohn« Androsch war, den er wohl nicht zu Unrecht vatermörderischer Absichten verdächtigte (angeblich waren damals die beiden offiziellen »Kronprinzen« Leopold Gratz und Hannes Androsch zu Kreisky gepilgert, um ihn mit bemerkenswerter Naivität aufzufordern, doch für das Amt des Bundespräsidenten zu kandidieren und somit für einen von ihnen beiden Platz zu machen).
Vranitzkys Angst um Androsch lag aber mehr in dessen Verhalten selbst begründet: »Ich habe mich für ihn zu fürchten begonnen, als ich per Distanz beobachtete, wie selbständig der Franz Bauer agiert hat.« Dkfm. Franz Bauer war der frühere Minderheitsgesellschafter von Androsch in der »Consultatio« und gleichzeitig sein Geschäftsführer (die Umstände des späteren Verkaufs des Bauer-Anteils an Androsch wurden dann von Untersuchungsrichter Zelenka als verdeckte Gewinnausschüttung gewertet). Vranitzky hat übrigens »nie die Dienste der ›Consultatio‹ in Anspruch genommen, als ich dann wegen der einkommensteuerpflichtigen Tantiemen für diverse Aufsichtsratssitze einen Steuerberater brauchte«.
Die Angst Vranitzkys um Hannes Androsch wurde nicht kleiner, als er sah, wie Androsch ohne fachmännische Beratung (Mauhart war inzwischen in den Tabakwerken) »mit dieser Angelegenheit medial umge-

gangen ist« (gemeint ist die Aufdeckung der Umstände der Villenfinanzierung).
Der Kanzler erweckt den Eindruck, als hätte er sich Sorgen wegen einer gewissen Leichtfertigkeit von seiten Androschs gemacht. Sozusagen, weil er als Vizekanzler und Finanzminister zu sehr mit Würde und Bürde des Amtes beschäftigt gewesen wäre. Und vielleicht, weil Androsch die Attitüde hatte: »Mir, dem Vizekanzler, wollts ihr eine Steuerprüfung anhängen?«
An dieser Stelle des Gesprächs schweift Vranitzky ins Philosophieren ab, wie ähnlich einander die Todfeinde Kreisky und Androsch doch eigentlich gewesen seien – dieselbe Vorliebe für großbürgerliche Attitüden, großbürgerlichen Habitus, großbürgerlichen Umgang: Großindustrielle bei Kreisky, Großbankiers bei Androsch; daß beide in ihrer erfolgreichen Zeit viel mehr rechts als links gewesen seien ...
Es ist aber denkbar, daß hinter Vranitzkys nach wie vor starker Loyalität, ja Anhänglichkeit für seinen alten Freund Hannes eine beträchtliche Portion Mißbilligung steckt. Die Frage ist nur: Mißbilligung wessen? Mißbilligung des (Lebens-)Stils oder Mißbilligung der Substanz? Wirft Vranitzky Androsch sein kontraproduktives, unnötig provokantes Verhalten gegenüber der kritischen Öffentlichkeit vor oder eben doch auch die »finanzielle Grauzone«? Die Frage wird dann relevant, wenn es darum geht, ob ein so kompromittierter Mann als Generaldirektor der verstaatlichten Großbank CA tragbar ist. Dieses Problem stellt sich zwangsläufig dann wieder, wenn – zwar nicht rechtskräftig, nur in erster Instanz, aber immerhin – die Finanzbehörde für Androsch negative Steuerbescheide ausstellt.
Vranitzky hat Androsch als Generaldirektor bisher

gehalten. Sosehr er sich beim Steuerverfahren herausgehalten hat – als es darum ging, Androsch an der Spitze der CA zu halten, griff er zumindest zweimal massiv ein. Der erste Mal, als im Frühjahr 1986 unter dem Eindruck des Zelenka-Materials die turnusmäßige Verlängerung von Androschs CA-Vertrag anstand, und noch einmal im Sommer 1987, als der CA-Aufsichtsrat in einer Sondersitzung beriet, ob der Strafantrag wegen falscher Zeugenaussage ausreiche, um Androsch von seinem Posten zu suspendieren. Es ist kein Geheimnis, daß Vranitzky bei dieser letzten Gelegenheit ziemlich massiv die Industriellenvereinigung bearbeitete, damit die ihr nahestehenden CA-Aufsichtsräte für Androsch stimmten (was sie ohnehin aus innerer Überzeugung getan hätten und auch taten).

»Weil ich jetzt Bundeskanzler bin, kann ich nicht sagen, ich habe den Androsch nie gekannt«, sagt Vranitzky. Dabei hat Vranitzky auch als Finanzminister mit dem CA-General nicht unbeträchtliche Probleme gehabt.

Für den maroden Industriekonzern der Bank forderte Androsch sieben Milliarden Staatszuschuß und bekam sie auch, obwohl Vranitzky sich veranlaßt sah, in einem offiziellen Schreiben zu verlangen, man möge sich in der CA bitte überlegen, wie die Zukunft des Konzerns »effizient« zu gestalten sei. Etwas später forderte der Finanzminister von seinem ehemaligen Chef in einem Interview noch ziemlich ultimativ »Konzepte« für Steyr-Daimler-Puch, das kränkste Unternehmen im Konzern – aber das Konzept kam ein paar Wochen später, und das Geld wurde freigegeben. Derzeit läßt Androsch verlauten, Steyr brauche noch ein paar Milliarden.

Freilich hatte Vranitzky kaum eine andere Wahl, als

der CA die sieben Milliarden aus dem Budget zu spendieren. Die Bank wäre gefährlich ins Gerede gekommen. Es war auch sachlich nicht genug einzuwenden, um den dringenden Wunsch Androschs abzuschlagen, daß Beppo Mauhart nun endlich vom zweiten zum ersten Mann in den Austria Tabak Werken gemacht werden sollte. Aber von Zeit zu Zeit ist das Knirschen und Knarren der Belastungsprobe der alten Freundschaft auch außerhalb der Polstertüren der CA-Chefetage und des Bundeskanzleramtes zu hören.

Beobachter innerhalb und außerhalb der SPÖ sind sich denn auch einig, daß »der Vranitzky den Androsch eines Tages killen muß, sonst wird er gekillt«. Erhard Busek, scharfsinnigster politischer Kopf der ÖVP, sagt das, was Sozialisten nicht aussprechen dürfen: »Auslassen wird ihn die Androsch-Partie nicht. Aber wenn er sich nicht von ihnen freistrampelt, dann ziehen sie ihn hinunter. Wenn er den Androsch loswerden könnte, dann hat er sich freigespielt.«

Poetischer faßt es André Heller: »Das ist wie bei dem Gedicht von H. C. Artmann: ›do is wos unguaz zwischen diar und mia . . .‹ Androsch ist der dunkle Punkt in seiner Karriere.«

Möglich, daß Vranitzky sich über eines schon im klaren ist: daß Androsch den Erfolg seines ehemaligen Sekretärs letztlich doch nicht verträgt. Vranitzky weigert sich strikt, die Möglichkeit einer Rivalität auch nur zu diskutieren: »Auf so etwas lasse ich mich wirklich nicht ein – darüber überhaupt nur leise nachzudenken. Da könnte ja jemand auf die Idee kommen, ich beeinflusse sein Rechtsverfahren. Und da bin ich sicher nicht jemand, der in irgendeiner Form auch nur den leisesten Anschein erwecken will.«

Hannes Androsch wird im April 1988 50 Jahre alt, ein

halbes Jahr später als Vranitzky, wirkt aber wesentlich verbrauchter. Manche seiner Anhänger halten immer noch ein Szenario für möglich, wonach sich Vranitzky in fünf, sechs Jahren an die Spitze der Nationalbank zurückzieht und Androsch dann endlich doch Bundeskanzler wird. Realisten innerhalb des Androsch-Clans erklären das Clan-Oberhaupt aber schon jetzt für »politisch tot«.
Vranitzky selbst hat sich ein wortreiches Erklärungsmuster zurechtgelegt, das in zwei Teile zerfällt. Teil eins: »Ich halte den Androsch für eine der allerersten politischen Begabungen in unserem Land. Es ist schon bedauerlich, daß er aus dem unmittelbaren Geschehen abgetreten ist, was immer er für Absichten hat.«
Doch jetzt kommt Teil zwei: »Aber für mich ist das eigentlich so, daß der Androsch in der Funktion, in der er jetzt ist, eigentlich ein gutes Beispiel dafür gibt, wie man in seiner Bank immer wieder die politische Komponente – nicht die parteipolitische – hineinbringt.« Übersetzung: So wie es ist, ist es schon gut.
Zu mehr Distanzierung ist Franz Vranitzky sicher auch innerlich derzeit nicht bereit. Er ist nach wie vor willens, die alte Freundschaft heute noch zu honorieren. Aber das wird immer schwerer. Denn das Kernproblem will nicht verschwinden. Kann sich die »monetäre Visitenkarte des Landes« (Androsch über die CA) einen Generaldirektor im Zwielicht leisten? Kann der Bundeskanzler als oberster Eigentümervertreter der verstaatlichten Bank das Argument der ungünstigen Optik auf Dauer ignorieren?
Franz Vranitzky macht sich über die Natur des Hannes Androsch wahrscheinlich nicht mehr allzu viele Illusionen. Die nächste, vielleicht schwerste Belastungsprobe könnte vielleicht sehr bald kommen, wenn Androsch Anspruch auf den Posten des Nationalbank-

präsidenten erheben sollte – seine einzige Möglichkeit, außerhalb der Politik noch höher aufzusteigen (und noch mehr zu verdienen).
Vor allem aber wird Vranitzky in den Augen einer kritischen Öffentlichkeit erst dann sein eigener Herr sein, wenn er sich deutlich(er) und sichtbar(er) von Androsch emanzipiert hat. Aber er will nicht der sein, der den entscheidenden Schritt tut. Wenn der Bruch kommt, darf er nicht von ihm ausgehen (und Androsch wird ihm vielleicht den Gefallen tun). Er wird versuchen, das Problem auf seine spezielle Methode zu bewältigen: ungeheure Geduld haben, Vorbedingungen schaffen und dann zusehen, wie die Dinge von selbst ihren Lauf nehmen.

Das neue Österreich oder Die Modernisierung

Wie Vranitzky Österreich zu mehr Wettbewerb und größerer Weltoffenheit überreden will

Jede politische Ära hat ihre Leitmotive – Schlüsselbegriffe, die eine bestimmte Linie symbolisieren und mit ihr assoziiert werden sollen. Wer die Begriffe prägt, erringt die »kulturelle Hegemonie« – die Vorherrschaft über das politische Bewußtsein der Menschen.

Im Gespräch für dieses Buch wurde Franz Vranitzky gebeten, sich auf Leitmotiv-Suche zu begeben. Zunächst, der Kontrastwirkung wegen, nach den Schlagworten, die die Regierungszeit seiner beiden Vorgänger charakterisierten.

Bei Bruno Kreisky läßt sich da die Stimmungskurve seiner Herrschaft genau verfolgen. Am Anfang der selbstsichere Reformoptimismus:

»Österreich moderner machen«
»Europareife«
»Auf der Überholspur«
»Laßt Kreisky und sein Team arbeiten«
»Chancengleichheit«
»Transparenz«
»Durchflutung aller Lebensbereiche mit Demokratie«

Mitte der siebziger wurden die Slogans deutlich defensiv: »Lieber ein paar Milliarden Schulden als zehntausend Arbeitslose mehr«

Dann der Rückgriff auf den puren Personenkult: »Kreisky, wer sonst?«

Schließlich das vorsichtig-resignative »In Zeiten wie diesen«.

Fred Sinowatz begann gleich mit einem Satz, der differenziertes Denken vermitteln sollte, aber als Mut- und Ratlosigkeit aufgefaßt wurde: »Es ist alles sehr kompliziert.«

Unter seinem Slogan »Wohlbefinden statt Wohlfahrt« konnte sich dann niemand etwas vorstellen (auch Vranitzky nicht), und mit vernichtender Wirkung wurde dann von seinen Gegnern der Unglückssatz »Ohne Partei sind wir nichts« aufgenommen.
Nun ist Vranitzky dran. Er soll spontan seine politischen Schlüsselbegriffe nennen. Erwartungsgemäß kommt zuerst der schon häufiger gebrauchte »Modernisierungsschub«. Gleich danach die »Weltoffenheit«.
Dann geht es etwas zögernder:
»Neues Arbeitnehmerbild«
»Rückkoppelung zwischen Forschung und Wirtschaft«
»Forschungsdekade«
»Zusammenarbeit ohne Prestigestandpunkte«
»Auf Gräben folgen Gräber«
Auffällig der Gleichklang mit Kreisky vor 17 Jahren. Auch er wollte Österreich »moderner machen«, auch er wollte das Land an den westeuropäischen Standard heranführen. Aber in Kreiskys Jahren wurde zwar viel für die Infrastruktur getan – Schulen, Spitäler, Straßen, Ausbau des Telefonnetzes –, aber in der verstaatlichten Industrie und in der Wirtschaftsstruktur überhaupt wurde nicht erneuert, sondern versteinert. Sonst müßte Vranitzky heute nicht einen neuen Modernisierungsschub ausrufen oder für eine »Rückkoppelung zwischen Wissenschaft und Wirtschaft« plädieren. Irgend etwas ist da schief gelaufen: Die Studentenzahlen haben sich in den letzten 17 Jahren zwar drastisch erhöht, aber die Universitäten haben offenbar zu viele Absolventen der »Diskussionswissenschaften« und zu wenige in den technischen Fächern hervorgebracht.
Was Vranitzky da offeriert, ist zunächst nur ein neues Nachholverfahren.

Wie neu ist sein »neues Österreich«? Haben wir das alles nicht schon einmal gehört, nämlich vor 17 Jahren?
Schon damals ging es ja um »Modernisierung«, schon damals auch um die der Verstaatlichten Industrie, die nun heute wieder zur Renovierung, ja zur lebensrettenden Operation ansteht.
In Wirklichkeit steht Vranitzky heute vor derselben Aufgabe wie Kreisky 1970: der Rettung der heimischen Stahlindustrie. Schon 1968 (!) hatten ausländische Gutachten ergeben, daß die personell überbesetzten, produktmäßig veralteten staatlichen Stahlbetriebe in der Steiermark zumindest in dieser Form keine Überlebenschance hätten, während der Stahlerzeugung und -verarbeitung in Linz bessere Chancen zugebilligt wurden. Kreisky fand die »Lösung«, indem er zunächst mit der großen und groß angekündigten »Stahlfusion« die gefährdeten an die weniger gefährdeten Betriebe anschloß und mitschleppen ließ. Als dann die Reserven der nunmehrigen »VOEST-Alpine« erschopft waren (wozu allerdings auch Mißmanagement seinen beachtlichen Beitrag leistete), wurde der Konzern mit wachsenden Milliardenspritzen über Wasser gehalten. Bis die Geduld des Steuerzahlers ihr Endc fand. Hier, 17 Jahre und 70 Zuschußmilliarden später, steht nun Vranitzky vor den Trümmern der Verstaatlichtenpolitik Kreiskys und muß de facto die »Modernisierung« Kreiskys mit einem eigenen »Modernisierungsschub« sanieren.
Es versteht sich von selbst, daß das Stichwort »Modernisierung« nicht auf die verstaatlichte Industrie beschränkt sein soll, aber dieser Sektor ist in Österreich so groß (das Land hat den höchsten Verstaatlichungsgrad Westeuropas) und außerdem als (Stamm-)Wählerreservoir für die SPÖ so wichtig, daß man ruhig

von einem Testfall sowohl für die wirtschaftliche Zukunft des Landes als auch die politische Zukunft Vranitzkys und der Sozialdemokratie sprechen kann.
Die Hauptproblematik der verstaatlichten Industrie (zu der man auch die Konzerntöchter der verstaatlichten Banken rechnen muß, die – wie etwa Steyr-Daimler-Puch – ebenfalls um ihre Existenz ringen) liegt in ihrer Konzentration auf veraltete »Schlotindustrien« und im Mangel an Alternativen.
Andere westeuropäische Länder vergleichbarer Größe wie die Schweiz, Schweden, Holland oder Belgien haben ebenfalls große Probleme mit ihrer Grundstoffindustrie. Aber daneben gibt es eben noch eine große, funktionierende Privatindustrie, zum Teil in Form von internationalen Multis.
Vranitzky kam im Frühsommer 1987 voll Begeisterung für das »schwedische Modell« von einem Staatsbesuch im hohen Norden zurück. Damit meinte er nicht so sehr den perfekten schwedischen Wohlfahrtsstaat, der Kreisky einst so faszinierte, sondern das Modell der Krisenbewältigung in der Stahlindustrie: »Ich sitze da mit dem Ingvar Karlsson (schwedischer Ministerpräsident, Anm. d. A.) an einem See, und er fragt mich, was ist los mit eurer Stahlindustrie, ich verstehe das nicht. Bei uns haben wir das ganz anders gelöst. Wir haben die Leute von Volvo und Saab-Scania eingeladen, in den Problemregionen zu investieren, und die haben das auch getan.«
»Das ist der Unterschied zu uns«, meint Vranitzky, »wir haben keine Volvos und Saabs. Wir haben auch keine pharmazeutischen Großbetriebe mit Weltgeltung wie die Schweizer. Es ist unsere Schwäche, daß wir in der Obersteiermark sagen können, da sind Förderungen und Steuererleichterungen für neue Projekte, aber keine Projekte haben.«

Was ist zu tun? Rein unternehmenstechnisch wird die Reform so aussehen, daß Kreiskys Fusion rückgängig gemacht und der Stahlgigant in kleinere selbständige, hoffentlich flexiblere Einheiten zerschlagen wird.
Aber es soll sich auch grundsätzlich, im Geist der Verstaatlichten etwas ändern, und da muß der Kanzler etwas weiter ausholen: »Welche Art von Industrie wollen wir? In der aktuellen Diskussion müssen wir uns zuerst einmal mit den Gewohnheiten, den Gewöhnungseffekten auseinandersetzen. Bis vor ein, zwei Jahren hat es zwar leise Kritik daran gegeben, wenn Verluste durch die Allgemeinheit beglichen wurden, aber es war nicht ein so heißes Thema wie heute.«
Heute werde das von der öffentlichen Meinung nicht mehr toleriert. Aber wenn man daran gehe, daraus auch die Konsequenzen zu ziehen, »dann heißt es, der Vranitzky kümmert sich mehr um die Bilanzen als um die Menschen, die Betriebswirtschaft geht der Volkswirtschaft vor. Allein in diesen Sätzen ist so viel an Mißverständnis drinnen, daß man das einmal politisch klären muß. Wenn sich jemand nur um die Menschen kümmert und nicht um die Bilanz, dann weiß er ja gar nicht, wo er steht.«
Bei einer Diskussionsveranstaltung in der VOEST habe einer (»Ich glaube, es war der VOEST-Kaplan«) gesagt: »Kümmert euch doch nicht um den Profit, kümmert euch um den Menschen.« Aus diesem Aufschrei geht »ein zweifaches Mißverständnis hervor: Einerseits hat er nicht verstanden, daß der Profit die Voraussetzung für das Kümmern um die Menschen ist. Und zweitens hat man es offensichtlich nicht geschafft, ihm das zu erklären.«
»Die Grundeinstellung der Arbeitenden in der Industriewelt muß vom Bewahren weggehen hin zum Neugestalten. Die Masse der Industriebeschäftigten

ist aber noch weit entfernt von dieser Umstellung. Man hat sich eben Jahre daran gewöhnt, daß in der öffentlichen Wirtschaft immer dann, wenn man Mißerfolge hatte, der Staat die Mißerfolge abdeckt. Mit dieser Gewöhnung brechen wir jetzt.«
Aber man breche damit »zu einem ungünstigen Zeitpunkt. Es gibt keine Hochkonjunktur, und viele andere Staaten haben ebenfalls diese Anpassungsprobleme. Trotzdem ist es unerläßlich. Wir müssen jetzt anregen, zum Umdenken bewegen.«
Das könnte auch wortwörtlich einer Rede von Michail Sergejewitsch Gorbatschow entnommen worden sein. In Wahrheit steht Vranitzky bei ganz anderen Voraussetzungen vor demselben grundsätzlichen Problem wie der sowjetische Reformator: Ein System effizienter oder überhaupt erst funktionstüchtig zu machen, ohne die Grundlagen des Systems anzutasten.
Denn der Kern der Probleme der verstaatlichten Industrie ist eben die Tatsache ihrer Verstaatlichung. Das Bewußtsein, daß der Staat im Notfall schon mit Steuergeld das Überleben garantiert, verhindert bei Belegschaft und Management das Entstehen einer echten Wettbewerbs- und Gewinngesinnung. Ganz zu schweigen von den politischen Einflüssen, die sich aus der engen Verflechtung zwischen Politik und verstaatlichtem Unternehmen ergeben (Betriebsräte zugleich auch Abgeordnete, Lokalpolitiker in den Aufsichtsräten usw.).
Nun ist das Tabu der Eigentumsfrage in der SPÖ bereits aufgebrochen, aber nur teilweise. Im Herbst 1987 wird der erste verstaatlichte Betrieb, der Ölkonzern ÖMV, teilprivatisiert. Das haben die blanke (Budget-)Not und die Volkspartei durchgesetzt. Während aber die Privatisierer in der Volkspartei (die dort auch nicht ohne Gegenwind sind) still hoffen,

daß eines Tages auch die Aktienmehrheit eines Staatsbetriebes in privater Hand sein wird, ist hier für die SPÖ und besonders für die Gewerkschaft eine vorläufig unübersteigbare Tabu-Grenze gezogen. Die Majorität (und damit die Entscheidungsgewalt) wird nicht aus der Hand gegeben.
Über diese Grenze will auch Vranitzky nicht springen. In Wahrheit wohl, weil er das sozialistische Verstaatlichungs-Dogma nicht fahren lassen kann oder will. In der Argumentation schlägt er aber einen anderen Weg ein: Erstens glaube er nicht an die Heilswirkung der Privatisierung (»Das ist lauter Larifari«), und »wenn wir die Chemie Linz an einen Privaten verkaufen, der scheitert, dann habe ich den Ballhausplatz voll. Dann würde ich zurücktreten müssen und auch zurücktreten wollen.«
Zweitens, was dann, wenn eine Privatisierung gut geht? »Wie kann ich einen gefährdeten Betrieb wie die VEW verkaufen? Doch nur, indem ich ihn herschenke. Was macht nun der private Eigentümer? Er entläßt Leute oder kürzt Löhne. Dann steht vielleicht nach einiger Zeit eine schönglänzende VEW da. Nur eines ist nicht klar: Warum haben wir sie hergeschenkt?«
Im Grunde geht es um die Machtfrage (wie in der Sowjetunion). Wer die Verfügungsgewalt über die Wirtschaft hat, hat auch die politische Macht. Das Argument, daß die Bedingungen des Staatseigentums zwangsläufig immer wieder zu den bekannten Erscheinungen wie Wettbewerbsunfähigkeit, Schlendrian und unklare Verantwortungslinien führen müssen, will Vranitzky nicht anerkennen. Er ist überzeugt, daß man auch innerhalb des Systems verändern könne.
Sein Lösungsansatz kommt aus seinem persönlichen

Hintergrund: Er erklärt kurzerhand die Eigentumsfrage für nebensächlich und wendet sich direkt an jene Gruppe, die ihm mentalitätsmäßig und sozial am nächsten steht: die Manager. »Ich habe allen in der Verstaatlichten signalisiert, es gibt sozusagen unternehmerische Freiheit. Bewegt euch so, wie der Generaldirektor einer Publikums-AG, wo der größte Aktionär drei Prozent hat.«
Die Politik könne und dürfe sich zwar nicht absentieren (»daher ist das Wort ›Entpolitisierung‹ vollkommen falsch«), aber sie dürfe nur die Rahmenbedingungen garantieren: »Wir müssen jetzt denen in der Verstaatlichten mit dem Packl (die »letztmalige« Finanzierungshilfe in Höhe von 33 Milliarden – Anm. d. A.) das Überleben sichern, das Restliche müssen sie in den Unternehmungen aushecken. Ich will nicht mitentscheiden müssen, ob die freiwilligen Sozialleistungen gestrichen werden oder nicht. Ich halte das für eine Fehlinvestition auch von politischem Kapital, dort mitentscheiden zu wollen oder zu sollen. Weil niemand von uns, kein Bundeskanzler und kein Landeshauptmann, das besser versteht als die Manager.«
Unter Kreisky und Sinowatz war das aber gang und gäbe. Wenn der VOEST-Vorstand eine Maßnahme beschloß, dann marschierte Betriebsratsboß Ruhaltinger mit seinen Mannen, und schon wurde die Sache rückgängig gemacht oder zumindest verschoben.
Vranitzky: »Wir sind in einem Lernprozeß. Auch die Landeshauptleute und die Bürgermeister werden noch lernen, daß man keine Industriesubstanz sichert, wenn man einen Manager unter Druck setzt. Und auch ich werde Entscheidungen, die das Management notwendigerweise zu treffen hat, nicht konterkarieren. Der Regierungschef oder die Bundesregierung können nicht Unternehmenspolitik machen.«

Er habe mit Hannes Androsch gesprochen, der im VOEST-Aufsichtsrat sitzt, und ihn gefragt, wie denn das nun so laufe. »Er hat gesagt, es sei eine neue Welt für die Vorstände und auch für die Betriebsräte. Die spüren plötzlich, wir haben freie Hand. Das ist eine Revolution.«

Aber wo sind die Revolutionäre?

Vranitzky setzt auf »Manager, die ganz anders denken, aber auch ganz anders denken dürfen«. Doch gibt es genügend Führungskräfte, die mit der neuen Freiheit etwas anfangen können und wollen? (Wieder die Parallele zu Gorbatschows Reformbemühungen.) Die Abhängigkeit von der Politik und den Politikern war auch eine bequeme Ausrede für erfolglose Verstaatlichten-Manager. Außerdem konnte in diesem Klima, wie Vranitzky selbst zugibt, »kein Überangebot an entsprechendem Kaderpersonal« entstehen, »das heißt, daß eigentlich diese Einstellung auch von den Führungskräften erst erarbeitet werden muß.«

Von Führungskräften freilich, die wiederum überwiegend aus dem politischen oder halbpolitischen Dunstkreis kommen: »Wenn als ›Quelle der Kader‹ die Interessenvertretungen oder der öffentliche Dienst oder die Sozialversicherungsinstitute in so hohem Maß dominieren, wie das heute der Fall ist, dann werden wir nicht aus einer bestimmten Dimension herauskommen. Denn diese Leute bringen aus ihrer politischen Grundverantwortung keine Ansprüche, keine Würze mit. Das ist im System begründet.«

Was Vranitzky da vorschwebt, könnte als eine Art »Republik der Manager« bezeichnet werden, in der Sachlichkeit, Dynamik, Entscheidungsfreiheit und -freudigkeit herrschen. Eine Koalition der Gleichgesinnten unter der Führung und Schutzherrschaft des Rollenbild-Trägers Franz Vranitzky. Ein neues

Österreich, in dem dumpfe Lokalpolitiker, phantasielose Apparatschiks und die landesübliche Versorgungs- und Absicherungsmentalität nichts mehr zu suchen haben oder zurückgedrängt sind. Wie will er das schaffen?
»Die Frage stellt sich natürlich, kann so eine Politik erfolgreich sein? Oder hat sie das Scheitern schon eingebaut? Ich kenne das Risiko, das mit dieser Einstellung verbunden ist. Ich verbinde mein Schicksal oder das des Ministers Streicher oder das der ganzen Bundesregierung mit dem Erfolg oder Mißerfolg dieser Leute, denen ich freie Hand gebe. Vielleicht dauert diese – hochtrabend ausgedrückt – Ära nur kurz, weil große politische Gruppen nicht bereit sind mitzugehen, aber ich muß trotzdem klarmachen, bewußtmachen, anregen, in Bewegung bringen. Es gibt dazu keine Alternative. Der Stein ist im Wasser und hat bereits seine Kreise gezogen.«
Damit hat Vranitzky gleich zwei Dinge definiert: Das Kriterium seines Erfolgs oder seines Scheiterns ist die Etablierung einer neuen Mentalität, vorrangig im Bereich der Verstaatlichten, aber nicht nur dort. Zweitens, und das könnte der Schlüssel zur Beurteilung seiner Erfolgschancen sein, sieht er sich selbst mehr als »Anreger, Bewußtmacher«.
»Wenn sich ein Staat dem System einer westlichen marktwirtschaftlichen Demokratie verschreibt, dann muß er auch bestimmte Regeln übernehmen. Eine dieser Regeln – und da greife ich den Ausdruck ›Republik der Manager‹ durchaus auf – ist, daß die Politik die Leute, die eigentlich die industriellen Entscheidungen zu treffen haben, nicht präjudizieren soll. Wir tun das immer noch, und das ist ein fundamentaler Webfehler unseres Systems.«
Was hier anklingt, ist Vranitzkys Generalthema: Die

Übertragung einer »westlicheren« Mentalität auf Österreich, sei es nun in der Wirtschaft, sei es im geistig-kulturellen Bereich. Denn er macht keinen Hehl daraus, daß er auch eine andere, wesentlich unerfreulichere Entwicklung für möglich hält: »Meine Sorge ist ja auch, daß uns unsere historischen Bindungen in die andere Richtung, in den Osten ziehen könnten. Das ist ja eine immense Gefahr.«

Was der verstorbene Schriftsteller und Politiker Jörg Mauthe die »Ostblockisierung« genannt hat, zeigt sich in vielen traditionellen Einstellungen und Strukturen. Österreich ist ein Land, das nach wie vor sehr stark von obrigkeitlichem, wettbewerbsfeindlichem, auf Absicherung und Versorgung fixiertem Denken beherrscht wird. Ein Land, wie Vranitzky (überspitzt) formuliert, »ohne Wettbewerb«.

Ein Land, wo erst kürzlich die Regierungskoalition die Verfassung per Mehrheitsbeschluß im Parlament änderte, um die vom Verfassungsgerichtshof aufgehobene Rationierung von Taxi-Konzessionen durch die Behörde aufrechterhalten zu können. Wo die Form der Gurken per amtlicher Verordnung geregelt wird. Wo es, wie der Schriftsteller Gerhard Roth zu Recht konstatiert, »keine positive Einstellung zum Erfolg (gibt). Hat jemand Erfolg, kann etwas nicht mit ihm stimmen. Jeder Erfolg muß von vornherein ›nicht mit rechten Dingen zugegangen sein‹.«

Ein Land, wo auch viele Unternehmer lange Zeit auf allzuscharfen Wettbewerb nicht erpicht waren. Wo andererseits der vorhandene und aufkeimende Unternehmergeist vieler junger Leute, die sich selbständig machen wollen, durch bürokratische Schikanen behindert wird. Wo jemand 41 verschiedene Behördenwege zu erledigen und zu erleiden hat, wenn er ein Restaurant aufmachen will.

Ein Land der wohlerworbenen Rechte, wo bestimmte Gruppen von Arbeitnehmern in »geschützten Bereichen«, wie etwa im staatlichen Quasi-Monopol der Elektrizitätswirtschaft, rund um ihre nicht auffällig hohen Grundbezüge ein verborgenes, aber lukratives System von Zulagen, Begünstigungen und (Pensions-) Privilegien aufgezogen haben.
Ein Land aber auch, in dem breite Schichten nach wie vor auf den Wohlfahrtsstaat angewiesen sind, weil sie ohne subventionierte Wohnungen und sonstige Transferzahlungen aller Art rasch wieder unter die Grenze eines bescheidenen Lebensstandards rutschen würden.
Der Wohlfahrtsstaat ist in Österreich vielfach zu aufgebläht, zu teuer, schlecht und verschwenderisch administriert, ja oft auch von »Sozial-Profis« mißbraucht – aber nicht wenige sind schlicht auf ihn angewiesen oder haben zumindest das subjektive Gefühl, es zu sein. Auch hier wird sich im neuen Österreich Vranitzkys einiges ändern müssen: »Die wirklich bewundernswerte Expansion des Wohlfahrtsstaates – man kann eigentlich auch sagen, des Sozialpartnerstaates – hat dazu geführt, daß man sich angewöhnt hat, sich automatisch an eine staatliche Instanz um Hilfe zu wenden. Das kann so lange gutgehen, solange man ein reales Wirtschaftswachstum von 5 Prozent hat, aber selbst dann ist das auf die Dauer fraglich. Aber jetzt möchte ich klarmachen, oder wir müssen uns alle miteinander klarmachen, daß ein bestimmtes Maß an Eigeninitiative, an Selbsthilfe notwendig ist – bei den Selbständigen wie bei den Unselbständigen.«
Auch von manchen »wohlerworbenen Rechten«, die nur in dem Sinn »wohlerworben« seien, »weil es halt immer so war – da heißt es Abschied nehmen.«

Wie sozial ist Franz Vranitzky? Wie steht es mit seinem Solidaritätsgefühl gegenüber den sozial Schwachen?
Langjährige Kenner dieses sozialen Aufsteigers par excellence meinen, er halte die Welt deswegen für mehr oder minder gerecht, weil ja immerhin jemand mit seinem sozialen Background in hohe und höchste Positionen kommen konnte. »Er findet auch, daß ein System gerecht ist, in dem ein Bankdirektor vier oder fünf Millionen verdient«, sagt ein Parteifreund, der Vranitzkys Karriere ziemlich aus der Nähe beobachtet hat. Das wäre dann die klassische Aufsteigerphilosophie – »schließlich war es ja meine eigene Leistung . . .«
Als Bruno Kreisky in einem »profil«-Interview (Jänner 1987) dramatisch mit der SPÖ brach (er legte den Ehrenvorsitz zurück), fragte der ehemals sozialistische, jetzt grüne Intellektuelle und Publizist Günther Nenning ebenfalls im »profil« den zürnenden Alten: »Welche Visionen bleiben dem Sozialisten? Die vom Wohlfahrtsstaat, eine ohnehin recht schmalbrüstige Vision, hast Du in Deinen Memoiren schön rührend redimensioniert: ›Die sozialistischen Parteien . . . haben zwar die Grundprinzipien der kapitalistischen Gesellschaftsordnung nicht verändert, aber durch ihre gesellschaftspolitischen Ideen haben sie ihr ein etwas menschlicheres Gepräge verliehen.‹«
Nennings weiterführender Schluß: »Die Wirtschaft (wer immer das ist) und ihre ehernen Gesetze (woraus immer die sind) schreiten jetzt zur Demontage des Etwas-Menschlicheren, weil das Wachstum nimmer wachst, und allen voran schreitet ein stromlinienförmiger SP-Jungstar . . .«
Ist es so? Vranitzky, der Sozialdemontierer? Zweifellos ist das »Halten« sozialstaatlicher Besitzstände

nicht ein so absoluter Wert bei ihm wie etwa bei Kreisky. Vranitzky fehlt das Erlebnis der dreißiger Jahre, das den »Alten« entscheidend prägte. Dafür hat er miterlebt, wie Kreisky (und zwar mit Hilfe des widerstrebenden Hannes Androsch) den absoluten Vorrang des Sozialen durch bedenkenlose Verschuldung finanzierte. Für Kreisky ist auch Arbeit etwas, das man »finanziert«, das heißt, mit Krediten weiter am Leben erhält. Was da gearbeitet wird, wie produktiv es ist, das war für ihn zweitrangig. In dem erwähnten »profil«-Interview sagt er in einer Schlüsselstelle: »Es ist billiger, arbeitende Menschen zu finanzieren als Langzeitarbeitslose. Es ist billiger, ein paar Milliarden Schulden zu machen, um damit Arbeitsplätze zu schaffen für Menschen, die Steuern und Beiträge zahlen, als Leute zu Langzeitarbeitslosen zu machen.« Um dann einen Hieb auszuteilen: »Die Bankdirektoren billigen meine These nicht.«

Das Fatale an der These ist, daß mit den so finanzierten Arbeitsplätzen (in der verstaatlichten Industrie) nichts produziert wurde, was auch einen Markt gefunden hätte: und daß die »paar Milliarden« Schulden inzwischen die Manövrierfähigkeit und die internationale Kreditwürdigkeit Österreichs aufs schwerste belasten. Das akzeptiert der »Bankdirektor« Vranitzky wirklich nicht. Aber auch Bankdirektoren müssen nicht ohne humanitäres Gefühl und soziales Gewissen sein, und Vranitzky hat sogar eine sehr starke humanitäre Komponente. Er ist oft ein persönlich Mitleidender.

Der entscheidende Unterschied zu Kreisky oder zur alten Sozialdemokratie überhaupt besteht in der Gewichtung. Für Kreisky hat der Sozialstaat und seine Aufrechterhaltung absoluten Vorrang. Das ist zu garantieren, ob nun mit Schulden oder neuen Steuern.

Kosmopolitisch, professionell, pragmatisch

Ein Volksliebling mit Scheu vor der Menge

Trotz innerem Distanzbe dürfnis hat V. seine anfäng liche Scheu vor dem Kon takt mit der Menge weitge hend überwunden.

Die Heraus-forderung der inter-nationalen Politik

**PR-Plausch mit Rea
Sozialismusdebatte
Schwedens Karls
gute Nachbarschaft
Helmut Kohl, leere
meter mit Arafat.**

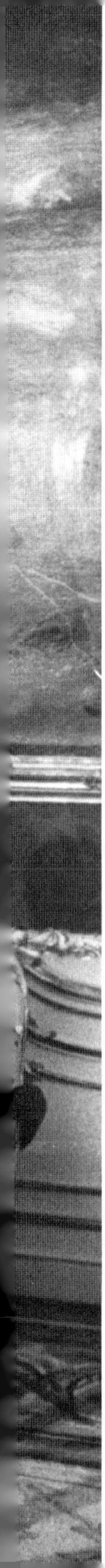

Die Mühen der Innenpolitik

Besiegelung der Koalitionsregierung (großes Bild). Innere Distanz zu Waldheim, Entfremdung zu Kreisky, Probleme mit Ruhaltinger, Überlegenheit gegenüber Mock, Partnerschaft mit Sinowatz.

Das Leben mit der Öffentlichkeit

Vor der Mikrofon-Phalanx der US-Medien (großes Bild). Enger Wählerkontakt (links), Betriebsbesuch in problematischem Industrierevier (links unten).

Wenn die Spannung abfällt

…uf dem Heimflug von …ner Wahlkampfreise …er durch Österreich …roßes Bild). Im »Ri…r Cafe« gegenüber …r Skyline von Manhattan.

In der Erfahrung des Franz Vranitzky hingegen hat sich diese absolute Priorität bereits als so nicht durchsetzbar erwiesen. Man muß es eben anders machen: »Ich glaube, daß die sozialen Entwicklungen unserer Gesellschaft so rasant gewesen sind, daß die Arbeiter und Angestellten, die unselbständig Erwerbstätigen eben, sozusagen ›Gesellschafter‹ in unserem Gemeinwesen sein werden. Im gesamten Wohlfahrtswesen, im Sozialversicherungswesen wird es dann eine höhere private Komponente geben.«
Natürlich werde man nicht die Spitäler privatisieren, aber der Bürger müsse sich schon bewußter werden, daß er eine Art Teilhaber des wohlfahrtsstaatlichen Systems ist. Dieses Bewußtsein, so muß man Vranitzky wohl verstehen, werde aber nur aufkommen, wenn der einzelne an den Kosten des Wohlfahrtssystems stärker beteiligt wird.
Will Vranitzky unbedingt Wahlen verlieren? Ein größerer Bruch mit der herkömmlichen politischen Weisheit des Landes ist schwer denkbar. Kreisky hat die Wahlen gewonnen, indem er den Leuten ihre Urangst nahm, ihnen existentielle Sicherheit versprach: Die Arbeitsplätze werden erhalten, um jeden Preis, der soziale Besitzstand wird nicht angetastet.
Wenn Vranitzky nun sagt, daß dies alles nicht mehr so absolut gilt, so verscherzt er es sich nach aller herkömmlicher Logik mit den Kernschichten der Partei. Aber andererseits hat es zweifellos einen Bewußtseinswandel gegeben: Die Österreicher glauben die Versprechungen nicht mehr, wie sich im Wahlkampf um die Bundespräsidentschaft zeigte, als die SPÖ in ihrer Verzweiflung ihren Kandidaten Kurt Steyrer in letzter Minute zwang, eine Arbeitsplatzgarantie für die Stahlbetriebe in den Krisenregionen zu verkünden.

Vranitzky: »Es tut mir leid, das sagen zu müssen, aber das war ein bitteres, aber hoffentlich nützliches Signal dafür, daß diese Art, Wähler ansprechen zu wollen, passé ist. Das war das letzte Mal, wo man so etwas noch tun konnte. Es ist ja leider für uns auch schlecht ausgegangen.«
Vranitzkys Methode, das Unvermeidliche nicht zu verschleiern, das Unhaltbare nicht zu versprechen, sondern mehr oder minder offen die unangenehmen Dinge anzukündigen, könnte sogar letztlich erfolgreich sein. Die unmittelbar Betroffenen reagieren zwar entsprechend an der Wahlurne (in den industriellen Hochburgen der SP in der Steiermark und in den Arbeiterbezirken Wiens hatte sie die prozentuell stärksten Verluste bei der letzten Nationalratswahl), aber der Rest applaudiert dem unerschrockenen Sanierer. Vranitzkys innere Überzeugung von der Notwendigkeit einer realistischen Politik korrespondiert hier mit dem allgemeinen Bewußtseinswandel. Weiterwursteln, hinausschieben – damit kann man heute keine Mehrheiten halten. Überzeugend vorgetragene Appelle an Opferbereitschaft und Selbstbescheidung fallen gerade bei den Österreichern mit ihrer ängstlichen Absicherungsmentalität nicht auf ungünstigen Boden.
Freilich gerät Vranitzky mit einer solchen (Wahl-) Strategie in ein soziologisches Dilemma: Teilen der Stammwählerschaft entfremdet er sich damit unweigerlich. Aber kann er auch diesen Verlust beim bürgerlichen Teil des politischen Spektrums, bei den sogenannten »neuen Mittelschichten« kompensieren?
Kurzfristig wird das die Bewährungsprobe Vranitzkys als »vote-getter« (soviel wie »Stimmenfänger«, aber ohne den abwertenden Unterton) werden. Mittelfristig könnte ihm aber die Entstehung jenes »neuen Ar-

beitnehmerbildes« zu Hilfe kommen, das Vranitzky unter die Schlüsselbegriffe seiner »Ära« (wenn es eine wird) eingereiht hat.

Vranitzky erinnert im Gespräch an Adolf Schärf, den sozialistischen Parteivorsitzenden, Vizekanzler in der großen Koalition der Nachkriegszeit (1945–1957) und Bundespräsident von 1957 bis 1965: »Von dem ist der Ausspruch überliefert, wenn er mit der Eisenbahn in Linz vorbeifährt und es rauchen die Schlote, dann weiß er, daß es dem Land gutgeht. Heute wissen wir, daß die rauchenden Schlote Sinnbild für etwas ganz anderes sind.«

Nämlich für veraltete Grundstoffindustrien und eine massive Umweltbelastung.

Wobei hier anzumerken ist, daß in Vranitzkys spontaner Nennung von Schlüsselbegriffen ein Stichwort zum Thema Umweltschutz nicht vorkommt. Er hat die Notwendigkeit zu Umweltschutzmaßnahmen rational anerkannt, aber in Wirklichkeit existiert hier in seinem Problembewußtsein ein ziemliches Defizit. Der begeisterte Bergsteiger kann sich zwar darüber erregen, daß »einer in 2 000 Meter Höhe eine Cola-Dose wegwirft«, aber ob er zu einem ganzheitlichen Verständnis der Umweltproblematik gefunden hat, ist fraglich.

Vranitzky trug den Entschluß, die Rodung des Hainburger Auwaldes nicht mit Polizeigewalt durchzusetzen, aus innerer Überzeugung mit, aber hauptsächlich deshalb, weil er Gewaltlösungen verabscheut und der Meinung ist, es müßte sich doch ein vernünftiger Kompromiß zwischen Kraftwerksstandort (nicht mitten im Kernstück der Au) und dem Ausbau der Wasserkräfte finden lassen.

Er hat nie versucht, so wie andere Politiker, die Ursachen des Waldsterbens oder gar die Tatsache selbst wegzuleugnen. Aber er weigert sich heute noch, die Luftverschmutzung durch Industrie und Autos als »monokausale« Erklärung dafür zu akzeptieren. Das Argument, es habe in früheren Jahrhunderten auch große Waldverwüstungen gegeben, will er nicht so leicht aufgeben – auch, wenn man darauf hinweist, daß diese Schäden früher vereinzelt und in größeren zeitlichen Abständen aufgetreten sind, während sie heute praktisch alle Industrienationen gleichzeitig betreffen.

Der These Günther Nennings, das Heil der Sozialdemokratie liege in einem Bündnis mit der Grünbewegung, kann Vranitzky nichts abgewinnen. Sein Weltbild ist industriell bestimmt, wenn er auch (zum »trend«) sagte: »Wir brauchen nicht Industriegesinnung oder Umweltgesinnung. Wir brauchen beides.« Der Staat muß zwar Umweltschutzbestimmungen erlassen, aber im Grunde ist der Umweltschutz eine Funktion der Wirtschaft, die mit neuen Technologien das reparieren soll, was sie angerichtet hat. Die Sozialdemokratie aber müsse sich ganz klar von den Grünen abgrenzen.

Eine Zukunft der Arbeiterklasse als biologische Landbauern sieht Vranitzky wohl kaum. Für ihn bleibt der »neue Arbeitnehmer« in der Industrie, wenn auch in einer völlig veränderten: »Die Sozialdemokratie ist angetreten als Interessenwahrerin des Arbeiters. Na gut, aber wer ist der Arbeiter heute? Gott sei Dank nicht mehr einer, der in einem Bergwerk oder vor dem Hochofen oder in einer Ziegelgrube mit dem Hammer draufhaut.«

»Ich möchte jetzt nicht in den Fehler verfallen und sagen, jeder Mensch, der in der Industrie arbeitet, soll einen weißen Mantel anhaben oder eine Maske vor dem Gesicht, weil er in einer Chip-Produktion arbeitet und alles klinisch sauber sein muß. Aber das Umstrukturieren wird die eigentliche Arbeit der Zukunft werden. Kürzlich habe ich das CD-Plattenwerk von Sony in Salzburg eröffnet. Das ist eine Kombination von Salzburg, österreichischer Kultur – der Karajan hat da ja mitgemischt – und japanischer Hochtechnologie. Aber das Entscheidende dort wird sein, ob die Österreicher, die in der Forschungsabteilung des Sony-Werkes arbeiten, etwas Eigenes auf die Beine stellen. Damit wir das Trauma von der »verlängerten Werkbank« ausländischer Konzerne loswerden, wo wir nur etwas zusammenschrauben, was woanders entwickelt wurde. Das muß das Vorbild, das Musterbild unserer Industrie sein – das kontinuierliche Umstrukturieren.«

Natürlich weiß Vranitzky, daß die »neuen Arbeitnehmer« anderswo – in den Technologiebetrieben des südwestdeutschen Bundeslandes Baden-Württemberg etwa – konservativ wählen, weil sie mit den Parolen der SPD aus dem Ruhrgebiet nichts anfangen können. Oder daß der Betriebsrat bei BMW eine solide CSU-Mehrheit hat. Aber er weiß auch, daß ihm gar nichts anderes übrigbleibt, als den Wandel der Arbeitswelt zu fördern.

Was Vranitzky sich so als Modell für Österreich vorstellt, enthält in erster Linie wohl schwedische Elemente: »Da ist es gelungen, den Wohlfahrtsstaat mit bestmöglicher Leistungsfähigkeit zu kombinieren und dadurch zu sichern.«

Er würde aber auch bestimmte Schweizer Elemente hinzufügen: »Die Schweiz ist ein noch kleineres Land als Österreich, ebenfalls ohne Zugang zum Meer, ebenfalls in den Alpen eingesperrt, und hat doch eine starke Widerstandsfähigkeit gegen Krisen entwikkelt.« So hat es ihn stark beeindruckt, daß Sandoz die

gewaltigen Schäden aus der Rheinkatastrophe aus Eigenem begleichen konnte: »Bei uns hätte das jedes Unternehmen in den Ruin getrieben, und der Staat hätte wieder einmal helfen müssen.«
Abgesehen von der Schwierigkeit, die Schweizer (Wirtschafts-)Mentalität so einfach auf Österreich zu übertragen, hapert es mit der Forschungskapazität, die den großen Schweizer Chemiefirmen ihre Weltgeltung gegeben hat. Vranitzky, der seine wirtschaftswissenschaftliche Lehrzeit teilweise an den berühmten amerikanischen Neuengland-Universitäten verbracht und sich auch bei der heiklen »Waldheim«-USA-Reise im Mai 1987 ein Mittagessen in Boston mit dem Ökonomie-Nobelpreisträger Lester Thurow herausgeschunden hat, vermißt schmerzlich die in den USA übliche gegenseitige Durchdringung von Wissenschaft und Wirtschaft: »Wir haben erstklassige Entwicklungsleute, aber unsere besten Erfindungen werden in Deutschland vermarktet. Und wenn bei uns einer sein Studium an der Wirtschaftsuni abgeschlossen hat, dann sagt man ihm, aber für eine wirklich gute Ausbildung mußt du auf die Harvard Business School gehen.«
Die »Forschungsdekade«, also eine zehnjährige Periode intensiver Förderung, die der Kanzler als Schlüsselaufgabe seiner Amtszeit sieht, existiert vorerst hauptsächlich als Absicht. Wohl sind schon einige Förderungen vergeben worden, wohl soll aus dem milliardenschweren »Technologie-Topf«, der aus Verkäufen verstaatlichter Unternehmen finanziert wird, etwas fließen, aber ein wirkliches Gesamtprogramm für die Modernisierung des rückständigen Forschungswesens an den österreichischen Hochschulen ist nicht zu sehen.
Der Begriff »Forschungsdekade« impliziert ja auch,

daß es noch eine Weile dauern wird, das Versäumte nachzuholen.
Inzwischen wäre Vranitzky schon froh, wenn Fremdsprachenkenntnisse in Österreich eine Selbstverständlichkeit wären. Mit seinen eigenen exzellenten Englischkenntnissen (Französisch liest und versteht er, spricht es aber nicht so gern) beeindruckte er dann die Österreicher anläßlich seiner erwähnten Washingtoner Waldheim-Tage. Eine Woche lang erlebte man Abend für Abend in den ORF-Fernsehnachrichten, wie ihm im Fragegeknatter der US-Journalisten weder die Ruhe noch sein Englisch-Vokabular abhanden kam. Zufrieden konstatierte die Nation: Den können wir im Ausland herzeigen.
Vranitzky wäre es freilich lieber, wenn sich mehr Österreicher selbst der Herausforderung des Auslandes aussetzten und überhaupt ein entspannteres Verhältnis zur Welt da draußen gewännen: Die »Weltoffenheit« hält er für so wichtig, daß er sie immer wieder in seine Regierungserklärungen einbaut.
Ein Blick in die Außenhandelsstatistik belehrt ihn, daß nach wie vor der größte Teil des Exports in die Bundesrepublik geht. Auslandsstipendien werden von Österreichs Studenten nicht ausgenutzt. Vor Jahren wehrte sich die Studentenvertretung an der damaligen Hochschule für Welthandel gegen eine zweite Fremdsprache als Pflichtfach. Alles Merkmale für eine gewisse Provinzialität, die Vranitzky ziemlich irritiert.
Das sind aber Lappalien im Vergleich zu dem, was im Gefolge der Waldheim-Affäre an Fremdenhaß, egozentrischer Selbstzufriedenheit – und Antisemitismus zutage getreten ist. Daß viele Österreicher die Angriffe der »New York Times« und des »World Jewish Congress« im Wahlkampf als unzulässige Einmischung von außen empfanden, ist im Grund nur lo-

gisch. Beängstigend – auch für Vranitzky – war erst die hartnäckige Weigerung danach, zur Kenntnis zu nehmen, daß und warum die politische und publizistische Elite der westlichen Demokratien Kurt Waldheim und den Österreichern, die ihn gewählt haben, so kritisch gegenübersteht.
Franz Vranitzky wußte auf Grund seiner Auslandserfahrung, welch verheerende Wirkung das Wort des Kandidaten von seiner »Pflichterfüllung« in der Deutschen Wehrmacht auf Menschen in Ländern haben mußte, die von dieser Wehrmacht überfallen, besetzt, versklavt worden sind oder sie unter ungeheuren Opfern in einem Kampf auf Leben und Tod niederrangen.
Schon als 1985 der FPÖ-Mann Friedhelm Frischenschlager als Verteidigungsminister den Kriegsverbrecher Reder in Österreich per Handschlag willkommen hieß, ging der damalige Finanzminister Vranitzky bewußt mit einer Warnung an die Öffentlichkeit: Österreichs Ruf in der internationalen Finanzwelt werde geschädigt.
Das war aber mehr als die Furcht eines Mannes, der bei den großen Finanzhäusern in New York oder London weiter ein gutes Entree haben möchte. Franz Vranitzky ist, für viele überraschend, ein entschiedener, ja emotionaler Antifaschist.
Als sich im Gefolge des Waldheim-Wirbels Wiens Juden über Drohungen und (vereinzelte) Anpöbelungen beklagen mußten, sagte Vranitzky zu einem alten Freund: »Wenn ich so einen erwisch, wie er einen Juden anspuckt, den hau ich eigenhändig nieder!«
Vranitzky ist vielleicht sogar ein eindeutigerer und kompromißloserer Antifaschist (oder genauer: Anti-Nationalsozialist) als alle seine Vorgänger im Amt. Eine kühne Behauptung, wenn man an die Bundes-

kanzler denkt, die wie der legendäre Leopold Figl oder auch Alfons Gorbach im Konzentrationslager litten? Oder an Bruno Kreisky, der nur im schwedischen Exil dem Morden entkam, dem fast zwei Dutzend seiner Verwandtschaftsmitglieder zum Opfer fielen? Nicht ganz. Die Männer der ersten Nachkriegsjahre – Figl, Julius Raab auf der Seite der ÖVP, Oskar Helmer und Schärf auf der Seite der SPÖ – waren zwar untadelige Demokraten und Antifaschisten, aber an den 600 000 ehemaligen NSDAP-Mitgliedern in Österreich und ihren Angehörigen konnten sie politisch nicht vorbei. Beide Großparteien buhlten um die Stimmen der »Ehemaligen«, sobald diese wieder wählen durften (1949). Der sozialistische Innenminister Helmer förderte ihre Rückkehr in die Legitimität, Figl hätte beinahe eine Koalition mit dem VdU (»Verband der Unabhängigen«) geschlossen, hätte der Bundespräsident Theodor Körner nicht ein Machtwort gesprochen. In allen Bundesländern bemühte man sich – wie der spätere Bundeskanzler Gorbach in der Steiermark – um die Wiedereingliederung der NS-Anhänger.

Es hatte ja auch keinen Sinn und war praktisch unmöglich, so viele Menschen auf Dauer verfemt zu halten, wie Bruno Kreisky später dann seine eigene Politik der »Vergangenheitsbewältigung« rechtfertigte. Gegen Kreisky führte übrigens der damalige ÖVP-Bundeskanzler Josef Klaus noch 1970 einen Wahlkampf mit Wahlplakaten, die in deutlicher Anspielung auf Kreiskys jüdische Abstammung ein markiges Porträt von Klaus mit der Schrift »Ein echter Österreicher!« zeigten.

Kreisky selbst betrieb eine ausgesprochene Beschwichtigungspolitik gegenüber Erscheinungen der NS-Mentalität und hätschelte die rechtsnationale, in

Teilen eindeutig nazistische FPÖ. Als bekannt wurde, daß der FPÖ-Vorsitzende Friedrich Peter in einer Mordbrigade der SS gedient hatte, stellte sich Kreisky massiv vor ihn. Schließlich fädelte Kreisky im Abgehen noch die kleine Koalition mit der FPÖ ein, die von seinem Nachfolger Fred Sinowatz getreulich exekutiert und auch nach der Frischenschlager-Reder-Affäre aufrechterhalten wurde.
Vranitzky hat diese Koalition in dem Moment platzen lassen, als der eher populistische Jörg Haider, der aber ebenfalls deutschnationale Töne produzierte, im September 1986 auf einem turbulenten Parteitag in Innsbruck zum neuen FPÖ-Obmann gewählt wurde. Es war ein politischer Alleingang aus taktischem Kalkül und innerster Überzeugung zugleich.
Vranitzky war immer ein Anhänger der großen Koalition gewesen, weil ihm die kleine FPÖ zuwenig gesellschaftliche Basis zur Lösung der Probleme hatte. Haider selbst beurteilte er als unverläßlichen, unberechenbaren Abenteurer. Aber den letzten Anstoß gaben die Parteitagsszenen aus Innsbruck im Fernsehen mit dem besoffenen »Grölen der Schulterträger« Haiders. »Ist das die neue Zeit?« dachte Vranitzky damals. »Sie erscheint mir furchtbar alt.«
Haider, ein geschickter Volksredner und gutaussehender junger Mann von 37 Jahren, konnte dann in der Wahl den Stimmenanteil der FPÖ von 5 auf fast 10 Prozent verdoppeln, indem er auch viele verbitterte SPÖ-Wähler vor allem in den Krisenregionen ansprach. Vranitzky weigert sich aber, Konzessionen an den Rechtspopulisten zu machen: »Viele, auch in der SPÖ, sagen mir, wir dürfen die Leute nicht verärgern, damit nicht der eine oder andere zum Haider rennt. Das ist falsch. Notfalls müssen wir auch Ballast abwerfen, guten Gewissens und geraden Blickes.«

Der Unterschied von Vranitzkys Haltung zu der seiner Vorgänger im Bundeskanzleramt (und zur Mehrheit der österreichischen Politiker in SPÖ und ÖVP) liegt in seiner Weigerung, die Vergangenheit zugedeckt zu lassen. Bei allen »Niemals wieder!«-Schwüren zu diversen Feierstunden herrschte doch bis vor kurzem die unausgesprochene Übereinkunft, die Vergangenheit ruhen zu lassen, einen Schlußstrich zu ziehen.

Vranitzky tut das nicht und geht damit ein beachtliches politisches Risiko ein, vor allem bei der »Kriegsgeneration«, die es in Wirklichkeit nicht hören will, wenn der Kanzler, wie im Dezember 1986, zur Abschlußkundgebung eines Treffens ehemaliger Kriegsteilnehmer sagt: »Wir müssen uns der Vergangenheit aufrichtig stellen, unser Maß an Schuld und Verantwortung akzeptieren ... Wir werden an einer besseren Zukunft nur arbeiten können, wenn wir uns dessen bewußt sind, was uns in der Vergangenheit widerfahren ist und was wir in der Vergangenheit auch verschuldet haben.«

Das »Wegschweigen« ist nach Vranitzkys Überzeugung nicht nur »humanitär, sondern auch außenpolitisch falsch«. Sein Glaube an Vernunft und Rationalität läßt ihn offenbar hoffen, daß die intensive Beschäftigung mit der Vergangenheit einen Verarbeitungs- statt eines neuen Verdrängungsprozesses hervorruft. Ohne innere Mentalitätsänderung seien alle Imagebemühungen im Ausland sinnlos. Außenpolitisch will er den Stier bei den Hörnern packen und den mißtrauisch gewordenen Freunden im Westen zeigen, daß in Österreich »trotz antisemitischer und fremdenfeindlicher Untertöne die große Mehrheit der Bevölkerung eine solche Linie nicht vertritt«.

In seiner Rede zum Abschied von Willy Brandt als

SPD-Parteivorsitzender gab Vranitzky laut der »Frankfurter Allgemeinen« den Deutschen »gerade die Geste als Vermächtnis zu bedenken, die in Deutschland umstritten war und um die jetzt mancher Österreicher die Deutschen beneidet, weil im Nachbarland die früheren Verdrängungsverhältnisse immer wieder schmerzlich fühlbar werden«.
Vranitzky hatte an Brandts Kniefall vor dem Denkmal der Opfer des Hitlerfaschismus in Warschau erinnert: »Er hat die Kraft gehabt niederzuknien, und er hat mit dieser Geste sein Land nicht erniedrigt, sondern im Gegenteil befreit.«
Vranitzkys ungewöhnlich starke innere Beschäftigung mit dem Thema »Vergangenheit« wurzelt in seinem persönlichen Humanismus, seinem Widerwillen gegen jede Form von Chauvinismus und Intoleranz, kurz, in seinem ausgeprägten Liberalismus (was auch in der SPÖ nicht die Regel ist – gerade unter Arbeitern und Kleinbürgern gab und gibt es einen beträchtlichen Antisemitismus).
Politisch philosophisch hat Vranitzky überdies erkannt, daß es um die Frage der Identität Österreichs geht. Die Westalliierten (vor allem die Amerikaner) haben Österreich den Status eines Opfers Hitlerdeutschlands zugebilligt, weil sie dem kleinen Staat die Entwicklung zur Demokratie leichter machen wollten.
Wenn sich nun aber plötzlich herausstellen sollte, daß eine Mehrheit der Österreicher die Einmaligkeit der Nazi-Verbrechen nicht anerkennt und den Dienst in der – notabene deutschen – Wehrmacht als »Pflichterfüllung« akzeptiert, wohin gehört dann dieses Land? Wirklich in den Kreis der westlichen Demokratien? Beunruhigende Gedanken für einen überzeugten »Westler« wie Vranitzky.

Zum Zentrum der ganzen Schwierigkeiten, zu Bundespräsident Kurt Waldheim, steht der Kanzler dagegen in überraschend emotionsloser Distanz. Vranitzky hält Kurt Waldheim für »ein Symbol unserer nicht gelungenen Vergangenheitsbewältigung«. Wohlgemerkt, nicht für ein Symbol der »unbewältigten Vergangenheit«, sondern der »nicht gelungenen« Bewältigung. Er hält Kurt Waldheim weder für einen Nazi noch für einen Kriegsverbrecher. Er hat sich nie darüber geäußert, aber er glaubt zu wissen, warum Waldheim in seiner Biographie die Kriegsjahre am Balkan unter den Tisch fallen ließ. So gut kennt Vranitzky die Polit- und Medien-Szene in den USA auch, um zu wissen, daß Waldheim nach einer Aufdeckung dieses Faktums keine Chancen auf eine Wiederwahl zum UN-Generalsekretär gehabt hätte.
Selbstverständlich empfindet Vranitzky aber Waldheim – das »Symbol« Waldheim – als Belastung. Noch vor wenigen Monaten spekulierte er sogar öffentlich und mit großer Deutlichkeit über die Umstände, unter denen der Bundespräsident zurücktreten könnte. In einer Forumsdiskussion der angesehenen Hamburger Wochenzeitung »Die Zeit« zum Thema »Wem gehört Hitler?« skizzierte Vranitzky Anfang Juni dieses Szenario:
»Wir haben das Thema Waldheim bisher vollkommen losgelöst von dem diskutiert, was er selbst als Person einbringen kann. Sollte sich eine Situation ergeben, in der die Resignation von dem Amt in Frage kommt, dann ist das nicht ein Ding an sich, sondern eine Sache, die er selber der Bevölkerung mitteilen würde. Wenn diese Mitteilung in einer Art und Weise, in Fasson und Stil und Form und Inhalt so ausfällt, daß die Befürchtungen von Dr. Taus (der mitdiskutierte – Anm. d. A.) – Gefährdung der breitflächigen Zusam-

menarbeit und so weiter – nicht eintreten, dann könnte ein Rücktritt auch im Interesse des Landes erträglich gehalten werden. Aber es darf natürlich nicht sein, daß herauskommt: Die Juden der Welt haben Waldheim vertrieben.«
Inzwischen dürfte der Kanzler aber aus seinen Kontakten mit dem Bundespräsidenten zu der Meinung gelangt sein, daß dieser an einen Rücktritt überhaupt nicht denkt. Vranitzky wird weiter mit Waldheim leben müssen – so belastend er das außenpolitisch auch empfinden mag.
Die wütende persönliche Abneigung nicht weniger Parteifreunde gegen Waldheim teilt Vranitzky nicht. Ihm sind die fanatischen Waldheim-Verteidiger zuwider, nicht der Mann selbst. Außerdem respektiert er auch innerlich die Volkswahl.
Das macht es ihm leichter, jene Korrektheit dem Staatsoberhaupt gegenüber zu wahren, ohne die es zu einer »Staatskrise« käme, wie er immer wieder feststellt. Zwischen Amüsement und Verzweiflung schwankend, nimmt er zur Kenntnis, daß er die größte Stütze Waldheims ist – und daß Waldheim durch sein Verhalten ihm gegenüber zeigt, daß er das auch weiß.
Nachdem Waldheim von der Regierung Reagan auf die Watch-list gesetzt wurde, reiste Vranitzky dennoch zum offiziellen Besuch nach Washington, aber nicht weil er sich irgendwelche Hoffnungen gemacht hätte, daß dieses Verdikt wieder rückgängig zu machen sei. Spätestens nach der Unterredung mit Außenminister George Shultz, der bei diesem Thema auch im Ton jede Konzilianz vermissen ließ, war endgültig klar, daß hier nichts zu holen war (auch die Unterredung mit Reagan wurde im Grund von Shultz dominiert).

In den Augen der Berater Vranitzkys war die USA-Reise notwendig, aber reine »PR«. Es sei hauptsächlich darum gegangen, zu zeigen, wer jetzt der neue österreichische Regierungschef ist, wie er denkt und wodurch er sich von Waldheim und Kreisky unterscheidet, die sonst als einzige Österreicher der informierten amerikanischen Öffentlichkeit ein Begriff waren. Es war eine Gelegenheit, das »neue Österreich« zu präsentieren – mit der klaren Botschaft, daß Franz Vranitzky dessen erster Repräsentant ist.
Vranitzkys außenpolitisches Konzept ist eingebettet in sein »Modernisierung-Weltoffenheit«-Thema. Konkret heißt das eine stärkere Bindung an die europäische Gemeinschaft, »um den Anschluß an Westeuropa nicht zu verpassen«.
»Sicherlich sind wir ein sehr introvertiertes Land. Vieles von dem, was draußen vor sich geht, ›geht uns nichts an‹, ›interessiert uns nicht‹, ›haben wir nicht notwendig‹. Das muß anders werden. So sind dann auch bestimmte Bewegungen hin zur Europäischen Gemeinschaft zu verstehen. Da geht es nicht nur um ökonomisch notwendige Vertragswerke etwa für die Landwirtschaft und die Textilindustrie oder um die Zulassungsnormen. Hier stellt sich überhaupt die Frage nach der grundlegenden Einstellung eines Landes, das sich einer Demokratie westlichen Zuschnitts verschrieben hat, das militärisch neutral, aber nicht neutralistisch ist.«
Um eine deutlichere Nuance mehr als andere österreichische Bundeskanzler ist Vranitzky bereit, sich – ohne Feindseligkeit – vom Osten abzugrenzen. Die von praktisch allen österreichischen Spitzenpolitikern, gleich ob bürgerlich oder sozialistisch, verwendete Formel lautet sinngemäß: »Wir wollen gute Beziehungen zu den osteuropäischen Staaten, aber natürlich

haben wir ein anderes politisches System.« Vranitzky geht einen Schritt weiter, indem er meint, gerade wegen unserer geographischen Nähe müßten wir uns – wieder in aller Freundschaft – bemühen, uns aktiv vom Osten abzuheben. Offenbar hat auch der oftmalige Amerikareisende Vranitzky die Erfahrung gemacht, daß sehr viele Amerikaner Österreich für ein Ostblockland halten ...

Mit dem sowjetischen Ministerpräsidenten Nikolai Ryschkow, der 1987 nach Österreich kam, verstand sich Vranitzky auf der Ebene technokratischen Managertums – Ryschkow leitete früher einen großen Rüstungsbetrieb im Ural – sehr gut. Die sowjetischen Reformen verfolgt er mit hoffender Skepsis. Aber er bleibt eindeutig ein »Westler«.

Im Forumsgespräch mit der »Zeit« definierte Vranitzky zwar interessanterweise den Unterschied Österreich–Deutschland aus den alten historischen Beziehungen in den Zeiten der Monarchie heraus:

»Es ist interessant, das Spannungsverhältnis zwischen Prag und Wien zu analysieren, das dieses Land über Jahrhunderte geprägt hat. Darin liegt ein wesentlicher Unterschied zu den Bewohnern der Bundesrepublik und der DDR. Zweitens hat uns das Spannungsverhältnis Wien/Budapest geprägt. Als drittes Element müßte man dann noch den Mittelmeerraum erwähnen. Diese drei Spannungsverhältnisse unterschiedlicher Art – Prag/Wien, Budapest/Wien und nördliches Mittelmeer/Wien – sind alle nicht nur prägend gewesen, sondern stellen auch einen wesentlichen Unterschied zu den Deutschen dar.«

Aber Vranitzky betrachtet die Bundesrepublik trotzdem als ein Land, mit dem uns eine »special relationship« verbindet, mit dem wir gemeinsam unsere Zukunft gestalten sollten.

Mit der »Mitteleuropa«-Idee, die eine »special relationship« mit Österreichs osteuropäischen Nachbarn beinhaltet (unter De-facto-Ausschluß von Deutschland) kann er nicht viel anfangen: »Was nutzt mir das, wenn mir bei einem Bankett in Budapest ein ungarischer Würdenträger zuflüstert, wie schlecht es war, daß wir uns 1918 getrennt haben . . .«

Die Dritte-Welt-Ideologie, die vor allem auf dem linken Flügel der SPÖ gepflegt wird, bleibt ihm fremd. Er glaubt an die Notwendigkeit eines Wohlstandsausgleichs zwischen Nord und Süd, hält es aber genauso für möglich, daß um diesen Wohlstand eines Tages »primitiv gesprochen, zwischen Schwarz und Weiß, zwischen denen, die haben, und denen, die nicht haben, gekämpft wird«.

Die guten Beziehungen zu den Arabern, die Kreisky zu einem Eckpfeiler seiner Außenpolitik machte, pflegt er weiter, aber die bizarreren Aspekte dieser Politik hält er von sich fern. In seinen ersten Monaten als Bundeskanzler empfing er zwar PLO-Chef Jassir Arafat, der sich bei einer Konferenz in Wien aufhielt, aber das halbstündige Gespräch war, nach amüsierter Erinnerung seiner Mitarbeiter, nicht sehr produktiv. Arafat sprach Vranitzky unentwegt mit »junger Mann« an und hielt seinen Standardvortrag über die Leiden der Palästinenser.

Zu Israel will Vranitzky trotz der Tatsache, daß die Regierung des rechten Premiers Yitzhak Shamir wegen Waldheim keinen Botschafter nach Österreich schickt, gute Beziehungen aufrechterhalten – obwohl Außenminister Alois Mock und auch Waldheim heftig schärfere Maßnahmen – die Abberufung des österreichischen Botschafters in Israel – verlangen.

Vranitzky hat bisher von der Isolierung Waldheims und der Lähmung von Außenminister Mock, der seine

Kräfte in der Verteidigung Waldheims verbraucht, außen- und innenpolitisch eindeutig profitiert. Während die beiden um ihre Anerkennung ringen müssen, konnte er glänzen (wenngleich ihn gelegentlich, wie in Holland oder auch Schweden, das Trommelfeuer der Medien auf Waldheim streifte). Aber Vranitzky weiß genau, daß diese Profilierung auf Kosten immerhin des Staatsoberhauptes keinen positiven Aspekt hat und letztlich auch eine Abwertung des Landes insgesamt bedeutet.

Außerdem ist er sich im klaren, daß an Waldheim die Koalition zerbrechen kann, weil die Situation vermutlich nicht in der heiklen Balance wie jetzt bleiben wird. Was sich im Spätsommer 1987 abzeichnete, trug den Keim zu einer großen Explosion in sich: Die Indizien gegen Ex-Kanzler Sinowatz häuften sich, daß er oder sein damaliger Kabinettschef Hans Pusch Waldheim-Dokumente aus staatlichen Archiven gegen Waldheim verwendet hätten. Das war Munition für die Scharfmacher und heimlichen Feinde der großen Koalition in ÖVP und SPÖ: Die einen dürsteten danach, die »Drahtzieher« der »Kampein« gegen Waldheim auffliegen zu lassen, die anderen schworen, eher werde der Bundespräsident fallen als einer der ihren.

Und selbst wenn die Koalition doch nicht an Waldheim zerbrechen sollte, was viele für möglich hielten, so zerrt das Gestichel und die Drohgebärden doch an Vranitzkys Nerven, denn er ist ein geradezu inbrünstiger Anhänger der »Zusammenarbeit ohne Prestigestandpunkte«, wie eines der von ihm genannten Schlüsselwörter lautet. Er will nicht nur keinen Krach, sondern ist echt überzeugt, daß aus weltanschaulichen oder persönlichen Gräben auch »Gräber werden« könnten.

Zusammenarbeit bedeutet für Vranitzky: nicht mehr taktische Hintergedanken haben als unumgänglich notwendig ist. Mit wem könnte er sich eine solche Zusammenarbeit am ehesten vorstellen? Mit wem könnte Franz Vranitzky das »neue Österreich« nach eigener Einschätzung bauen?
Im Gespräch für dieses Buch wurde Vranitzky gebeten, spontan die Namen jener Persönlichkeiten aus Politik, Wirtschaft und Kultur zu nennen, die er als tatsächliche oder persönliche Verbündete und zumindest teilweise Gleichgesinnte betrachtet. Es kam eine interessante Liste zusammen. Im ersten »Durchgang« zählte Vranitzky spontan diese Politiker, Interessenvertreter und Manager auf:
»Sinowatz, Verzetnitsch, Androsch, Krejci, Streicher, Wolfsberger, Machenschalk, Taus, Hesoun, Frisch, Graf.«
Sinowatz war mehr als eine Pflichtnennung. Obwohl die beiden im Typ völlig verschieden sind, erkannte Vranitzky bald, daß Sinowatz ihm wirklich loyal, ja geradezu aufopfernd als Parteivorsitzender den Rücken deckte. Vranitzky sträubte sich hartnäckig dagegen, selbst den Parteivorsitz zu übernehmen – zumindest jetzt. Die »Ämtertrennung« zwischen Kanzler und Parteivorsitzendem empfand er angesichts seiner Problemüberlastung als wohltuend. Innerlich war er sich aber wohl bewußt, daß Sinowatz über seine behauptete Verwicklung in die Waldheim-»Kampein« stürzen könnte.
Fritz Verzetnitsch ist seit Jänner 1987 designierter Präsident des Österreichischen Gewerkschaftsbundes und sollte beim ÖGB-Bundeskongreß Anfang Oktober endgültig gewählt werden. Der 42jährige Gewerkschaftssekretär und Berufsfunktionär muß sich erst das Prestige und die Autorität erkämpfen, die sein Vorgänger Anton Benya in seinen guten Zeiten hatte.

In der grundsätzlichen Einstellung ist ein bemerkenswerter Gleichklang zwischen Verzetnitsch und Vranitzky zu bemerken: »Viele haben heute noch die traditionelle Einstellung: ›Die da oben, wofür hab ich s', die sollen sich um mich kümmern.‹ Es wird die Frage sein, schafft es der Kanzler, jenen Geist zu vermitteln, der sich in der berühmten Antrittsrede von John F. Kennedy ausdrückt: ›Fragt nicht, was euer Land für euch tun kann, fragt, was ihr für euer Land tun könnt!‹«
Der neue ÖBG-Boß läßt aber auch ganz leise das gewerkschaftliche Selbstbewußtsein aufblitzen, als er sich erinnert, wie der Finanzminister Vranitzky den öffentlich Bediensteten eine Lohnleitlinie von nicht mehr als 2,5 Prozent aufzwingen wollte: »Er ist dann wieder davon abgegangen und hat gesagt, er erwartet von den Sozialpartnern Zurückhaltung in der Lohnpolitik, aber nicht mehr.«
Das Problem wurde Ende August 1987 plötzlich wieder akut, als diesmal Finanzminister Lacina mit seinem Paukenschlag einer »Nullohnrunde« für Beamte (neben vielen anderen harten Maßnahmen) herauskam.
Verzetnitsch resümierend über sein künftiges Verhältnis zum Kanzler: »Wir sind nicht einer des anderen Diener, sondern wollen eine faire Partnerschaft.«
Zum nächsten auf Vranitzkys Liste, Hannes Androsch, ist in diesem Zusammenhang nur zu sagen, daß es wirtschaftspolitisch »sehr viel grundsätzliche Übereinstimmung« (Vranitzky) gibt.
Der erste Bürgerlich-Konservative auf der Liste, Prof. Herbert Krejci, ist Generalsekretär der Industriellenvereinigung, aber neben seinem Präsidenten Christian Beurle maßgeblich an der Formulierung der Linie der Industrie beteiligt. Krejci ist ein Wertkonservativer

mit einem Hang zu beißenden Formulierungen, der aber in der Industriepolitik alles andere als bewahrend denkt. Parteipolitisch übt er oft »solidarische Kritik« an der Volkspartei. Ein überzeugter Anhänger der großen Koalition, der sicher lieber einen ÖVP-Kanzler hätte (wenn er nicht zu sehr grün angehaucht ist), unter den gegebenen Mehrheitsverhältnissen jedoch Vranitzky für einen ausgesprochenen Glücksfall hält.
Minister Rudolf Streicher ist der Mann, der für Vranitzky die Verstaatlichte und ÖBB bewältigen soll (»da hält er sich heraus, dafür hat er ja mich«). Zuletzt scheint aber der Streß dieser beiden Riesenprobleme das Verhältnis der guten Bekannten aus Androsch-Zeiten etwas belastet zu haben.
Dann zwei Spitzenmanager aus der österreichischen Privatindustrie: Walter Wolfsberger ist Generaldirektor von Siemens Österreich, ein überlegter, diskreter Manager eines Großkonzerns (an dem die Republik Österreich eine Minderheitsbeteiligung hält); und Rudolf Machenschalk, Generaldirektor der Tiroler Plansee-Werke, eines heimischen Spitzenunternehmens mit Weltgeltung auf dem Gebiet neuer Werkstoffe.
Dann, ein wenig überraschend, Josef Hesoun, der Vorsitzende der Gewerkschaft Bau – Holz, verschrieen als sturer Betonierer, der in Hainburg um ein Haar schlagkräftige Bauarbeiter gegen die Aubesetzer in Marsch gesetzt hätte. Aber der Kanzler schätzt sein Urteil.
Die Hochschulen sind auf dieser Liste durch Helmuth Frisch vertreten, Professor für Volkswirtschaftslehre an der Technischen Universität in Wien, gleichfalls ein rotes Tuch für die Grünen wegen seiner kompromißlosen Wachstumslinie. Wichtiger ist er vielleicht für Vranitzky als Gesprächspartner in Sachen Budget und Staatsverschuldung. Der »Finanzschuldenbe-

richt«, den Frisch kürzlich vorgelegt hat, bietet ein niederschmetterndes Bild der Staatsfinanzen. Frisch fürchtet, daß erst der Schilling abgewertet oder Österreich seinen Rang als »erste Adresse« für Kredite im Ausland verlieren müsse, ehe »hierzulande die Budgetkonsolidierung ernst genommen wird«.
Wirtschaftsminister Robert Graf und Josef Taus, Chefmanager des Turnauer-Konzerns, sind zwei der drei wirtschaftspolitischen »Kaliber«, die die ÖVP zur Verfügung hat. Beide strebten in Wirklichkeit schon seit langem im Hintergrund die große Koalition an – in Gesprächen mit Vranitzky, dessen liebste Partner in der Volkspartei sie eindeutig sind. Man versteht und schätzt einander auf der Basis nüchterner Einsicht in Notwendigkeiten. Vranitzky: »Über die Grundidee haben wir beide, Josef Taus und ich, aber schon lange, ehe von einer großen Koalition überhaupt die Rede war, ziemlich oft diskutiert und uns auf einer gemeinsamen Linie gefunden. Dabei ist Dr. Taus ein vielleicht noch engagierterer Großkoalitionär als ich selber. Die Grundidee ist, daß nur die beiden großen Parteien in einer gemeinsamen Regierung die notwendige Modernisierung zuwege bringen. Voraussetzung ist dabei allerdings, daß die jeweilige Regierungsmannschaft in ihren eigenen Reihen das durchbringt und durchträgt, was notwendig ist und als notwendig anerkannt wird.«
In diesen Zusammenhang gehört ein Name, den Vranitzky nicht genannt hat: Wolfgang Schüssel, Generalsekretär des Wirtschaftsbundes, des Unternehmer- und Gewerbetreibendenflügels der ÖVP. Schüssel war und ist der dritte Wirtschaftspolitiker der ÖVP, der gleichzeitig treibende Kraft und tragende Säule der »Großkoalitionäre« innerhalb der Volkspartei ist (es gibt auch einen Flügel, der lieber mit Jörg Haiders FPÖ die »echte Wende« herbeiführen möchte).

Darauf angesprochen, meint Vranitzky, daß Schüssel »von der Einstellung her« sicher ein Partner sei – »nur beim Schüssel ist der Weg ein anderer: Er ist ein religiöser Privatisierer.« Tatsächlich vertritt Schüssel innerhalb seiner Partei die kompromißloseste Linie des »weniger Staat, mehr privat«.
Auch für Erhard Busek, der die umweltschützerische Komponente einbringen könnte, gibt es bei Vranitzky keine Spontannennung: »Er ist mir nicht so präsent.« Daß Alois Mock ebenfalls in dieser Liste fehlt, verwundert niemand. Die beiden sind zu grundverschieden und können miteinander im Grunde nichts anfangen. Kanzler und Vizekanzler der großen Koalition treffen einander einmal wöchentlich zu einem Jour fixe zwecks notwendigster Abklärung. Dabei entstehen keine Visionen oder auch nur gemeinsame Anknüpfungspunkte. Mock ist relativ stark der Beamtenmentalität verhaftet, Vranitzky ein Managertyp. Gemeinsam ist beiden intensive Privatheit, die sich offenbar im Umgang miteinander potenziert. Vorläufig werkeln die beiden an der »Sanierungspartnerschaft« (Mock), aber kongeniale Partner haben da einander nicht gefunden.
In einem »zweiten Durchgang« fiel Vranitzky dann noch der Name Anton Benya ein, ferner Finanzminister Ferdinand Lacina, dessen ÖVP-Staatssekretär Johannes Ditz, Ernst Höger, der Obmann der SPÖ Niederösterreich, der ÖVP-Bauer Rudolf Schwarzböck, Präsident der Landwirtschaftskammer, der Kurzzeit-Staatssekretär Johann Bauer, jetzt wieder im ÖGB, Erich Schmid, ÖGB-Nachwuchskraft, sozialistischer Kurzzeit-Landwirtschaftsminister, jetzt zu einer privaten Osthandelsfirma abgewandert, »aber«, so Vranitzky, »dazu gehören natürlich auch die Gitti Ederer« (SPÖ-Jungabgeordnete), »in gewisser Hinsicht«

der Zukunftsdenker Josef Cap, der Wiener Landesparteisekretär der SPÖ Sallaberger (den Vranitzky als neuen Besen in der SP-Zentrale installieren möchte) und der Wiener Stadtrat Hans Mayr«.
Schließlich: »Von den Gewerkschaftern kann man sicher noch den Heinz Vogler (Vizepräsident der Arbeiterkammer) hinschreiben, den Fritz Hochmair (oberösterreichischer Gewerkschafter und Abgeordneter) und den Alois Rechberger (Betriebsratsobmann bei der VEW und Präsident der Arbeiterkammer Steiermark).«
Zum Schluß werden Vranitzky noch einige Namen aus dem geistig-kulturellen Bereich abverlangt: Mit welchem Künstler, Wissenschaftler oder Kunstmanager führt der Kanzler Gespräche mit Gewinn? Mit wem könnte er sich vorstellen, eine Aktion gegen den Provinzialismus zu starten?
Vranitzky schreibt die Namen: André Heller (Poet und Entertainer), Peter Noever (neuer Direktor des Museums für angewandte Kunst in Wien), Dieter Ronte (Direktor des Museums Moderne Kunst), der »Elektronik-Guru« Fritz Paschke von der Technischen Universität, Burgtheaterdirektor Claus Peymann, der SP-nahe Politologe Anton Pelinka und die Zeithistorikerin Erika Weinzierl.
Für Heller muß »ein erfolgreicher Politiker der nächsten zwanzig Jahre, so abgedroschen das aus meinem Mund klingt, vor allem Phantasie haben. Wenn er sich nicht vorstellen kann, daß er aufwacht und binnen Minuten etwas bewältigen muß, wofür es kein Modell gibt, dann ist er ungeeignet. Die Frage ist, ob Vranitzky das schon begriffen hat. Wie radikal reagiert er auf radikale Themen?«
Die Antwort muß wohl lauten: Für österreichische Verhältnisse ziemlich, für die Verhältnisse der SPÖ

sogar sehr radikal. Im internationalen Kontext jedoch sind Vranitzkys Radikalismen größtenteils Selbstverständlichkeiten.
Was er den Österreichern und seinen Parteifreunden zumutet – Gewinnprinzip auch in Staatsunternehmen, Wettbewerb, Weltoffenheit, ständige Bereitschaft zum Umdenken, Privatinitiative, Toleranz –, darüber dürfte es eigentlich gar keine Diskussion geben. Vranitzkys »neues Österreich« ist notwendig. Es kann sogar in weiten Teilen auch von fortschrittlichen Bürgerlichen unterschrieben werden – aber es bleibt doch ein Nachziehverfahren.
Wenn auch ein sehr schwieriges und langwieriges. Vor allem für einen einzelnen Mann. Heller: »Es konzentriert sich natürlich zuviel Hoffnung auf ihn, ohne daß er eine Chance hätte, jemals all dem zu entsprechen. Es muß einem auch klar sein, daß seine größte Stärke die Schwäche seiner Gegner ist. Wir sind ja so etwas von nicht verwöhnt mit Politikern von Format. Der darf nicht weg, wenigstens den müssen wir uns erhalten.«
Vranitzkys größte Stärke ist in Wirklichkeit eine andere – seine glaubwürdige Modernität. Mit dem Versprechen der Modernisierung des Landes konnte Kreisky in seiner Anfangszeit die Vorstellungskraft der Menschen zugleich packen und entfesseln. Nach seinem Abgang war die Modernisierung in vielen Bereichen – Infrastruktur, soziales und kulturelles Klima – geglückt, in anderen dringender denn je zuvor. Hier kann Vranitzky neu ansetzen – zumal die Volkspartei zwar ebenfalls ein Reformprogramm anbietet, vielleicht sogar ein schlüssigeres, es ihr aber nicht gelingt, es glaubwürdig zu »transportieren«.
Vranitzky hat den unschätzbaren Vorteil, daß er, wie Heller sagt, »der erste ist, bei dem man das Gefühl

hat, der kommt schon aus unserer Welt. Kreisky war aus einer anderen Epoche, aus dem alten Reich. Vranitzky ist der erste Kanzler, der nicht zur sogenannten Kriegsgeneration gehört. Er ist ein Angehöriger unserer Generation, der unseren Ton hat.«
Aber wie groß ist die Macht der Töne? Die Schaffung des richtigen Meinungsklimas ist ein wichtiger Teil von Führungsqualität, aber nicht der entscheidende. Auf die Fähigkeit zur Umsetzung kommt es an. Es wurde schon gezeigt, daß sich Vranitzky beinahe eher als Stimmungs-Macher denn als Macher versteht. Seine Durchsetzungsfähigkeit ist das wahre Thema.

Die Umsetzung oder Kräfte und Gegenkräfte

Wo sich Vranitzky durchsetzen muß – auch gegen die eigene Partei

Forderungsprogramme – wohin man schaut! Ein österreichischer Bundeskanzler könnte heute seine gesamte Zeit mit der Lektüre von Forderungsprogrammen verbringen. Österreich scheint nur mehr aus notleidenden Betrieben, notleidenden Branchen, notleidenden Regionen zu bestehen. Der Erfolg von Vranitzkys Regierung wird zu einem großen Teil davon abhängen, ob er den Forderern klarmachen kann, daß sie sich selbst helfen müssen.

Köflach, Bezirk Voitsberg in der Weststeiermark. Eine Industrieregion mit beträchtlichen Strukturschwächen und einer verunsicherten SP-Stammwählerschaft. Der Bundeskanzler hat seinen Urlaub für einen Tag unterbrochen, um sich das Forderungsprogramm der Weststeirer anzuhören. In den letzten Jahren ist hier viel schiefgegangen. Ein Fahrradwerk (»Junior«) ist von wechselnden Besitzern mit kräftigen Zuschüssen der öffentlichen Hand in den falschen Markt und in den Ruin gemanagt worden. An der Glasfabrik wurde jahrelang herumstrukturiert. Die VOEST will ihren Tochterbetrieb, die Graz-Köflach-Bergbau-Gesellschaft (GKB), loswerden. Der Plan, die GKB mit mehreren tausend Beschäftigten an die staatliche E-Wirtschaft zu verkaufen, erregt die Arbeiter, weil dann wohl Leute gehen müßten. Der Braunkohlenbergbau selbst nähert sich dem Ende der Abbauwürdigkeit. Empörte Arbeiter wurden vor einigen Monaten gegen Mitglieder der Geschäftsführung handgreiflich.

Vranitzky soll helfen. Aufmarschiert sind zunächst die traditionelle Bergknappenkapelle sowie der zuständige SP-Nationalratsabgeordnete, ein SP-Mit-

glied der steirischen Landesregierung, der Bürgermeister von Köflach und kleinere Notabeln. Jeder ergreift das Gruß-Wort, schließlich wird das »10-Punkte-Programm für eine Wirtschaftsoffensive in der Region« vorgetragen.
Erwartungsvolle Pause.
Vranitzky verspricht kleinere Förderungsbeträge, verweist auf die Zuschußaktion für neue Betriebsgründungen. Aber: »Schaut's, keine dieser Förderungen kann eine grundlegende Einstellung zum Wirtschaften ersetzen. Es ist ziemlich aussichtslos zu glauben, ein Politiker könne Marktgegebenheiten ändern. Die Leute hier sind auf den Bergbau eingeschossen, aber sie müssen sich ändern, sonst können wir uns jedes Jahr hier treffen. Die Leute von der GKB müssen sich fragen, was sie machen würden, wenn sie nicht die öffentliche Hand zum Eigentümer hätten. Dann müßten sie auch überleben. Ich kann nichts versprechen. Ich kann nur Aufbruch signalisieren.«
Er gebraucht englische Ausdrücke, zieht Vergleiche mit der internationalen Situation. Die steirischen SP-Granden nicken. Irgendwo wissen sie ja auch, daß es wie bisher nicht weitergehen kann. Außerdem – ein bißchen Förderung (= Subventionen) hat der Kanzler ja doch versprochen. Aber ob sie seine Hilfe-durch-Selbsthilfe-Linie wirklich nachvollziehen können, bleibt offen.
Vranitzkys Methode, ein Klima zu schaffen und dann die Entwicklung sich weitgehend selbst zu überlassen, stößt zwangsläufig auf Grenzen. Er ist sich dessen auch bewußt, daß sich da früher oder später die Frage seiner Durchsetzungsfähigkeit stellt. Zur Beurteilung von Vranitzkys politischer Führungs- und Gestaltungskraft steht nur ein relativ kurzer Zeitraum zur Verfügung. Er hat eine richtige und relativ kühne

Einzelentscheidung getroffen – die, die kleine Koalition mit einem FPÖ-Obmann Jörg Haider nicht fortzusetzen und vorzeitige Neuwahlen auszuschreiben. Nicht wenige in der Partei (z. B. Klubobmann Heinz Fischer) waren dafür, die Koalition bis zum eigentlichen Wahltermin im April 1987 weiterzutragen. Vranitzky wußte, es wäre nur ein Weiterschleppen gewesen. Er wußte auch, daß die kleine Koalition, jede kleine Koalition nicht genügend Lösungskapazität hat.

Seine echte Abscheu vor dem, was Jörg Haider repräsentiert, kam hinzu. So ging er ein beträchtliches politisches Risiko ein, denn die ÖVP führte in den Meinungsumfragen. Dann war es selbstverständlich Vranitzkys Leistung – und seine größte bisher –, diesen Trend umzukehren.

Die zweite Beurteilungsmöglichkeit bieten seine knapp zwei Jahre als Finanzminister. Vranitzky brachte mit einem neuen Kreditwesengesetz die Bilanzstrukturen der österreichischen Banken auf einen zeitgemäßen Stand, er schuf mit der Beseitigung von Steuernachteilen für neuaufgelegte Aktien die Voraussetzungen für eine bessere Kapitalversorgung der Unternehmer, er milderte die Zinsertragssteuer auf Spareinlagen, die so viel böses Blut gemacht hatte, ehe sie vom Verfassungsgerichtshof ganz beseitigt wurde.

Beim entscheidenden Beurteilungskriterium, der Budgetsanierung, hatte Vranitzky relative Erfolge. Das zentrale Problem des Staatshaushaltes und im gewissen Sinn auch des Staates ist das Nettodefizit beziehungsweise das Ausmaß der neu aufgenommenen Schulden. Je schneller das Nettodefizit wächst, desto geringer werden die Möglichkeiten, mit Staatsausgaben Wirtschaftspolitik zu betreiben. Zur Veranschaulichung: Schon 1985 mußte Österreich knapp ein

Fünftel seiner Nettoeinnahmen allein für die Verzinsung und mehr als ein Drittel für die Verzinsung und Tilgung der Staatsschuld ausgeben.
Außerdem verschlechtert die wachsende Zinsen- und Schuldenlast den Ruf Österreichs bei den internationalen Kreditgebern. Ein niedriger eingestufter Schuldner muß höhere Zinsen zahlen, die Währung eines Staates mit ungesunder Finanzstruktur ist abwertungsverdächtig.
Vranitzky hatte ein stark ansteigendes Nettodefizit geerbt (zum Teil schon von seinem Vorvorgänger Androsch). Als er Finanzminister wurde, war das Budget 1985 praktisch beschlossen, er konnte nur noch Retuschen anbringen. 1986 war also sein erstes echtes Budget. Hier hat er nach der Meinung von Experten das Nettodefizit auf absolut und relativ hohem Niveau verfestigt. Es gelang ihm, die Begehrlichkeit seiner Ressortkollegen größtenteils abzuwehren und eine noch höhere Neuverschuldung zu vermeiden.
Was er nicht zuwege brachte und bisher auch noch niemand zuwege gebracht hat, war, die großen, gesetzlich festgelegten Ausgabenposten zu korrigieren, die das eigentliche Budgetproblem darstellen: die überaus großzügigen Pensionsregelungen etwa für verschiedene Gruppen des öffentlichen Dienstes (Eisenbahner) oder das immens teure Subventionssystem in der Landwirtschaft, mit dem Überschußproduktionen angeregt werden, die dann mit neuerlichen Subventionen in den Export verschleudert werden müssen.
Hier hat Vranitzky in seinem einzigen »eigenen« Budget 1986 nichts geändert. Er konnte es aber auch gar nicht, weil der Finanzminister allein dafür zu schwach ist. Die Struktur der Ausgabenautomatik ist nur mit einem gewaltigen politischen Kraftakt zu än-

dern, weil damit ja mächtige (Wähler-)Gruppen verärgert werden. Zu diesem Kraftakt war die wackelige kleine Koalition unter Sinowatz nicht fähig, weil ihr die breite gesellschaftliche Basis fehlte. Die FPÖ brachte zwar in diese Regierungsehe die notwendige Mandatsmehrheit mit ein, sonst aber nichts.

Eine echte Budgetsanierung bedeutet, auf beiden Seiten der großen politischen Lager Ansprüche und »wohlerworbene Rechte« zurückstutzen. Wer den roten Eisenbahnern etwas wegnehmen will, muß auch den (schwarzen) Beamten weh tun. Wer den Arbeitern in der verstaatlichten Industrie Opfer abverlangt, muß das auch bei den Bauern tun. Daraus ergibt sich der Zwang zur großen Koalition. Im Idealfall können sich die SPÖ und ÖVP darauf einigen, daß jeder im Gleichschritt seiner Klientel etwas abverlangt, um die Sanierung zu gewährleisten.

So hatte sich auch Vranitzky das seit langem vorgestellt. Er war immer ein Anhänger der großen Koalition, und zwar aus der Einsicht in die Dramatik der (Budget-)Situation. Seine Sicht der Dinge wurde von den Großkoalitionären in der ÖVP, besonders Robert Graf und Josef Taus, weitgehend geteilt.

Nun aber war die Koalition da und das Budget 1988 der Prüfstein für ihr Funktionieren. Neuerlich türmten sich die Forderungen der Ressorts und führten zu einem weit höheren Nettodefizit, als im Koalitionspakt vereinbart war. In dieser Situation entschloß sich ein verzweifelter Finanzminister Ferdinand Lacina zu einem »Paukenschlag«, der nichts anderes als ein neues Belastungspaket darstellt. Die wirkliche strukturelle Reform des Budgets war damit aber nicht einmal in Ansätzen begonnen.

An diesem Punkt stand nun Vranitzkys Durchsetzungsfähigkeit am Prüfstand. Gelang es ihm nicht, die

Entwicklung rund um das Budget in den Griff zu bekommen, so war überhaupt der Sinn der großen Koalition in Frage gestellt. Damit aber auch die politische Grundkonzeption von Vranitzky selbst.
Im Spätsommer 1987 war damit eine Situation eingetreten, in der die Methode des »Klima-Schaffens«, der Politik des vernünftigen Zuredens nicht mehr ausreichte. Es war anzunehmen, daß die Koalition diese »Krise« überstehen würde, aber die Gefahr bestand, daß es ein Überstehen mit gemindertem Vertrauen und Prestige sein würde.
Zumal sich gleichzeitig auf beiden seiten des politischen Spektrums Gegenkräfte regten. Sowohl im bürgerlichen Lager als auch auf seiten der Linken waren Züge zum Fundamentalismus, zu einer Lust an der Verschärfung der Gegensätze festzustellen.
An den äußeren rechten und linken Flügeln sammeln sich Extremisten, denen die Zusammenarbeit mit dem weltanschaulichen Gegner im Grunde nicht paßt. Im bürgerlichen Lager wünschen manche eine Koalition mit der Haider-FPÖ, um »die ganze Wende« herbeiführen zu können, ohne zu bedenken, daß eine solche Regierung eine noch schmälere Basis und Lösungskompetenz hätte als die kleine Koalition SPÖ/FPÖ.
Aber auch abseits vom aktuellen politischen Geschehen zeigten sich konservativ-fundamentalistische Strömungen. Um den neuen Wiener Weihbischof Kurt Krenn entstand das Gespenst eines neuen politischen Katholizismus, die Tatsache, daß es nicht gelang, den ÖVP-Vizebürgermeister von Linz wegen seiner antisemitischen Äußerungen zum Rücktritt zu bringen, zeigt ebenfalls das Vorhandensein eines gewissen Klimas.
Vranitzky meint dazu, es gäbe tatsächlich »Entwicklungen im Lande, die Sorge machen«. Er glaube aber,

daß sich »dagegen Kräfte manifestieren, daß ich sie auf meiner Seite habe und daß sie am Ende stärker sein werden«. Zu diesen Kräften zählt der Kanzler die Künstler und Intellektuellen, manche liberale Medienleute, auch liberale Elemente in der Kirche und schließlich »die Jugend, die sich von den alten Klischees absetzt«.

Gefährlicher für Vranitzky sind aber die Gegenkräfte im eigenen Lager. In der SPÖ gibt es starke Gruppierungen, die einen Erfolg der großen Koalition nicht wollen. Problematisch sind da nicht einmal sosehr die Jungsozialisten, obwohl deren Wiener Vorsitzender Christian Cap spottet, Vranitzky habe »sein Surfbrett auf die konservative Welle gesetzt«, sondern auch die im Grunde reaktionären »Machtsozialisten«, die die Koalition deswegen nicht wollen, weil sie zwangsläufig Abgabe von Macht bedeutet.

Eine Koalition der linken Jusos und der konservativen »Betonköpfe« innerhalb der mächtigen Wiener SPÖ hat auch Vranitzky seine bisher größte Niederlage bereitet – die Resolution am Parteitag der Wiener SP im Frühjahr 1987, mit der Kurt Waldheim zum Rücktritt aufgefordert wurde. Es war – auch nach interner Einschätzung in der SPÖ – ein kalkulierter Schlag nicht nur gegen Vranitzkys korrekte Haltung gegenüber Waldheim, sondern gegen seine Linie überhaupt.

Erhard Busek, der Wiener ÖVP-Chef, kennt inzwischen »seine« Wiener SPÖ: »Da war die proletarische letzte Kolonne am Werk. Für die ist der Vranitzky ein Brechmittel. Sie werfen ihm vor, daß er teilweise weggibt, was die SPÖ seit jeher in Erbpacht hatte – die Verstaatlichte, letztlich auch das Amt des Bundespräsidenten. Sie sagen: Eigentlich gehört uns das alles, warum laßt er da die ÖVP hinein.«

Vranitzkys Position gegenüber dem Bundespräsiden-

ten veranschaulicht am besten sein Dilemma: Einerseits konnte er sich mit seiner fairen Haltung Kurt Waldheim gegenüber bei bürgerlichen Schichten profilieren. Andererseits nahm ihm die eigene Partei gerade diese Haltung zum Teil sehr übel.
Busek: »Wenn Vranitzky Gefahr droht, dann von den eigenen Leuten.«

Der Untergang des sozialistischen Abendlandes oder Die Gnadenfrist

Was Vranitzky für die Chancen einer bürgerlich-konservativen »Wende« in Österreich bedeutet

■ Mit Glück und Vranitzky ist die Sozialistische Partei im November 1986 noch einmal die stärkste politische Kraft im Lande geblieben. Sie erhielt damit noch eine Chance – wahrscheinlich die letzte –, zu beweisen, daß die sozialdemokratische Idee und das sozialdemokratische System im Grunde funktionstüchtig ist und nur gelegentlich modernisiert werden muß.

Man könnte mit Ernst Gehmacher auch sagen: eine Gnadenfrist. Das Dilemma der Sozialdemokratie im ausgehenden 20. Jahrhundert ließe sich in der Sicht von Kurt Traar, eines Sozialforschers aus der Gehmacher-Schule, so beschreiben:

Erstens macht sie nicht mehr die richtige Politik. Zweitens für immer weniger Menschen.

Die falsche Politik: das Prinzip »mehr Staat« hat, wenn überhaupt, nur dort funktioniert, wo eine besonders leistungsfähige Wirtschaft die notwendigen Mittel für die Umverteilung in Richtung eines ausgeprägten Sozialstaates erarbeitete. Im Grunde hat dieses Modell von allen westeuropäischen Industriestaaten nur in Schweden funktioniert, weshalb auch zuerst Bruno Kreisky und jetzt, mit leicht anderer Akzentsetzung auch Franz Vranitzky davon fasziniert wurde. Die Leistungskraft der schwedischen (Privat-) Industrie war offenbar groß genug, um einen ausgeklügelten Wohlfahrtsstaat mitsamt umfangreicher Sozialbürokratie durch alle Konjunkturrückschläge ohne nennenswerte Einbußen zu tragen.

Österreich hat unter Kreisky, aber nicht nur unter ihm, versucht, ein ähnlich dichtes Sozialsystem aufzuziehen. Aber offenbar ist die heimische Wirtschafts-

struktur nicht stark genug, um den erreichten Standard zu gewährleisten.
Falsche Politik für immer weniger Menschen: Was der Bundesgeschäftsführer der deutschen Sozialisten, Peter Glotz, zur Situation der SPD sagt, gilt ähnlich für die österreichischen Sozialisten: »Wenn sie (die Sozialdemokratie, Anm. d. A.) auf dieses Bündnis von öffentlichem Dienst und Industriearbeiterschaft konzentriert bleibt, auf das sie doch viele Jahre konzentriert war, dann ist die Gefahr sehr, sehr groß, daß sie eine Partei zwischen 32 und 37 Prozent bleibt.« Wobei die SPÖ mit einem Stimmenanteil von rund 42 Prozent eine bessere Ausgangslage hat.
Gleichzeitig entsteht aber das Gespenst einer »Zwei-Drittel-Gesellschaft« (Peter Glotz), in der die breite Mehrheit derer, die Arbeit haben, ihren Beschäftigungs- und sozialen Besitzstand nur auf Kosten einer Minderheit neuer Dauerarbeitsloser (besonders Jugendlicher) und neu Verarmter wahren kann.
Und schließlich weiß die SPÖ aus den Umfragen ihrer exzellenten Demoskopen, daß die ÖVP und die FPÖ und selbstverständlich die Grünen bei der Jugend erfolgreicher sind als sie selbst. Kurt Waldheim erzielte beim ersten wie beim zweiten Wahlgang sein bestes Ergebnis bei den 19- bis 29jährigen, während Kurt Steyrer bei den Erst- und Jungwählern sein mit Abstand schlechtestes Ergebnis hinnehmen mußte. Im ersten Wahlgang wählte eine satte Mehrheit (55 Prozent) der Erst- und Jungwähler Waldheim.
In den laufenden Meinungsumfragen sind die Grünen bei der oberen Bildungsschicht und bei den 24- bis 29jährigen bereits stärker als die SPÖ, die nun zum ersten Mal seit dem praktischen Verschwinden der KPÖ auf ihrem ureigensten Gebiet bedroht wird.
Oder, wie der junge sozialistische Intellektuelle und

ehemalige Blecha-Sekretär (jetzt Pressesprecher des ORF) Andreas Rudas formuliert: »Der Untergang des ›sozialistischen Abendlandes‹ droht.«
Was kann nun Franz Vranitzky dagegen tun? Wie kann er die »Gnadenfrist« nutzen?
Eng definiert wäre seine Aufgabe und zugleich sein Erfolg die Sicherung des Überlebens der notleidenden alten (Staats-)Industrien, wenn auch nur in bescheidenerem Rahmen.
Die Verstaatlichte hatte im früheren Selbstverständnis der SPÖ einen zweifachen Stellenwert: Sie sollte einerseits gesellschaftspolitisch Vorreiterfunktion erfüllen, indem sie ihre Beschäftigten überdurchschnittlich gut versorgte; und sie sollte auch technisch die Spitzenposition übernehmen. Beide Ziele wurden eklatant verfehlt, Sozialleistungen müssen gekürzt und Beschäftigte abgebaut werden. Die Produktstruktur ist geradezu exemplarisch veraltet (eine gewisse Hoffnung bildet allerdings ein neues Hüttenverfahren, mit dem die VOEST einen ähnlichen Vorsprung erzielen könnte wie seinerzeit mit dem LD-Verfahren). Die Existenz eines Großteils der Betriebe ist ohne Staatszuschüsse akut gefährdet.
Aber auch mit einem neuen technologischen Aufschwung wird eine überlebende Verstaatlichte ihre dominierende Stellung verlieren. Von den einmal rund 105 000 Mitarbeitern, heute nur noch rund 90 000, werden nach realistischen Schätzungen nicht viel mehr als 60 000 übrig bleiben.
Die Überlebenssicherung einer wenn auch arg geschrumpften Verstaatlichten wäre unter den gegebenen Umständen schon ein Erfolg. Freilich nicht für alle. Der Schriftsteller und Essayist Josef Haslinger konstatiert in seinem neuen »Essay über Österreich«: »An seinem ersten Tag als Bundeskanzler erklärte der

ehemalige Bankdirektor Franz Vranitzky, daß es langfristig zwischen betriebswirtschaftlichen und volkswirtschaftlichen Interessen keinen Unterschied gäbe. Die Arbeitslosigkeit und die Entlassung von 10 000 Arbeitern aus den verstaatlichten Betrieben sind somit volkswirtschaftlich erwünscht. Das Interesse des Kapitalismus und das Interesse des Volkes sollen nunmehr identisch sein. Von diesem Datum an ist die österreichische Sozialdemokratie als historische Bewegung zu betrachten[1].«

Haslinger, dessen Essay in weiten Teilen, besonders in den Passagen über Österreichs Verhältnis zum Nationalsozialismus (»Der unterirdische braune Strom«) überaus präzise analysiert, erliegt hier dem klassischen Irrtum der dogmatischen Linken, es gäbe a) in Österreich so etwas wie einen »Kapitalismus« im traditionellen Sinn, und es läge b) in dessen Interesse, Menschen verarmen zu lassen, die ja gleichzeitig auch Konsumenten der Produkte dieses Kapitalismus sind. Vranitzky kann die Verstaatlichte nicht »verraten«. Er kann höchstens ihre Reste retten. Die viel weitergehende Aufgabe Vranitzkys wäre es jedoch, die verkrusteten Strukturen im »ständestaatlichen« Österreich aufzubrechen – in den Kammern, Interessenvertretungen, Gewerkschaften und Sozialversicherungsinstituten, um einerseits ein Wettbewerbsklima zu schaffen und andererseits angestauten politischen Unmut über diese Institutionen abzuleiten. Ohne Hilfe ist das aussichtslos. Vranitzky muß sein eigenes »Netzwerk« aufbauen. Verbündete suchen und fördern, die für ihn die Reformarbeit in den Institutionen übernehmen. Vranitzky muß gleichzeitig an die beste-

[1] Josef Haslinger: Politik der Gefühle. Essay über Österreich. Luchterhand 1987.

henden Machtpositionen »andocken« und sie zerstören. Damit stellt sich aber auf der politischen Ebene zwangsläufig die Frage nach der Übernahme des Parteivorsitzes.
Ein Parteivorsitzender neben dem Kanzler Vranitzky müßte ein ehrgeizloser Loyalist sein. Diese Beschreibung trifft auf Sinowatz zu, aber seine Effizienz wird angezweifelt, und er stand unter permanenter »Enthüllungsdrohung« (in Sachen Waldheim).
Aber auch mit Rückendeckung durch einen idealen Parteivorsitzenden hängen Vranitzkys Erfolgschancen von mehreren Faktoren ab. Zunächst könnte er an objektiven, unbeeinflußbaren Gegebenheiten außerhalb Österreichs scheitern, wie zum Beispiel einer langanhaltenden Weltwirtschaftskrise. Dann auch an sich selbst, an seiner eigentlichen Natur. Ein »Mann der Aufklärung«, der er zweifellos ist, könnte in einem Land ohne große aufklärerische Tradition, das Österreich auch zweifellos ist, Schwierigkeiten haben, sich verständlich zu machen.
Schließlich könnte es sich auch herausstellen, daß Vranitzkys Lösungsansatz, der auf bestimmte sozialistische Dogmen nicht verzichten will, ganz einfach nicht genügt. Vielleicht ist die verstaatlichte Industrie ohne totale Privatisierung (statt der jetzt geplanten, halbherzigen) doch nicht zu sanieren.
Vielleicht ist das sozialdemokratische System gar nicht effizienter zu machen, sondern schlicht und einfach obsolet.
Politisch ist freilich Vranitzkys »halbe Wende« für sehr viele, wenn nicht die meisten Österreicher gerade die richtige Dosis. Eine echte vollkapitalistische, scharf wettbewerbsorientierte, kompromißlose Wirtschaftspolitik á la Reagan oder Thatcher wäre auch für viele Bürgerliche, etwa in der mittelständischen

Wirtschaft, viel zuviel des Guten. Da ist ein Vranitzky, der die Effizienz steigern will, ohne gleich alles auf den Kopf zu stellen, schon in Ordnung. Auch wenn er ein Sozialist sein sollte.
Trotzdem wird Vranitzky nicht auf Dauer auf das Ruhebedürfnis des bürgerlichen Lagers zählen können.
Angenommen, die Sanierungsarbeit gelingt halbwegs, die große Koalition bleibt zwei volle Legislaturperioden zusammen (soviel wird notwendig sein, um den ärgsten Schutt wegzuräumen, ist man sich intern einig) – wo bleibt dann die Volkspartei? Wird sie sich damit zufrieden geben, einen Teil der Macht mitzuverwalten und die zweite Geige hinter der SPÖ zu spielen?
Insgeheim sind zwar wahrscheinlich nicht wenige in der ÖVP froh, daß ihre Partei in der Regierung nicht die Führungsrolle und damit die Verantwortung innehat. Bei einigen ist es sogar denkbar, daß ihnen der Wahlausgang nicht so ungelegen kam, denn bei Verlust der Mehrheit wäre die SPÖ wahrscheinlich in Opposition gegangen und hätte die Volkspartei mit einem Haufen Probleme, aber ohne starken Partner übriggelassen.
Aber auf Dauer kann nicht mit einer weiteren Selbstbescheidung der Volkspartei gerechnet werden. Das aber bedroht Vranitzkys Konzept der großen Koalition. Mit dem Ausgang der Wahl 1986 hat nicht nur die sozialistische Partei, sondern ganz Österreich eine Art Gnadenfrist erhalten. Wenn die Koalition zerbricht oder sonstwie scheitert, wäre eine tiefgreifende Verschlechterung des politischen Klimas fast unausweichlich. Die Risse im Land, die sich erstmals anläßlich der Waldheim-Wahl gezeigt haben, würden tiefer, die Atmosphäre haßerfüllter werden. Neue, feind-

liche Lager würden sich bilden, deren Konturen jetzt schon ziemlich deutlich zu sehen sind.
Daß viele im bürgerlichen Lager nicht auf ewig den Handlanger für Vranitzky spielen wollen, ist verständlich. Doch wäre die Volkspartei gut beraten, den Wettbewerb mit ihm und der SPÖ auf produktivem Gebiet aufzunehmen. Im Wahljahr 1986 und danach zeigten sich Ansätze einer Tendenz in der Volkspartei, die mangelnde Radikalität ihrer wirtschaftspolitischen Konzeption und die mangelnde Attraktivität ihres Spitzenkandidaten durch einen etwas krampfhaften Patriotismus und Unduldsamkeit gegenüber unbequemen Künstlern zu ersetzen.
Aus einer ähnlich muffigen Atmosphäre heraus ist die geistige Bewegung des Jahres 1968 mit seiner (in Österreich sehr friedlichen) Studentenrevolte entstanden. Alois Mock und Michael Graff sollten sich daran gut erinnern können, denn sie waren damals Mitarbeiter jenes Bundeskanzlers Josef Klaus, der unter anderem deswegen nach vier Jahren ÖVP-Alleinregierung sang- und klanglos abtreten mußte, weil Bruno Kreisky im Zeitgeist segelte.
So die Akzente zu setzen heißt, Franz Vranitzky die politische Mitte, die er ohnehin schon weitgehend besetzt hält, endgültig zu überlassen. Selbstverständlich hat das bürgerliche Lager noch die Option einer Koalition mit der Haider-FPÖ (womit dann auch jene Kombination ausprobiert würde, die es in der Zweiten Republik noch nicht gegeben hat). Es wäre aber wohl die Ehe einer relativ wohlhabenden Matrone mit einem frechen, jungen Mitgiftjäger.
Die Volkspartei oder das »bürgerliche Lager« muß den Wettbewerb mit Vranitzky dort suchen, wo es darum geht, wer der bessere, ideenreichere, effizientere Modernisierer Österreichs ist. Das ist das ent-

scheidene Thema. Alles andere führt in den politischen Obskurantismus.
Franz Vranitzky wird entweder relativ schnell scheitern oder relativ lang regieren. Beides hat vom Standpunkt der Gesundheit der österreichischen Demokratie Nachteile. Eine Verlängerung der seit 1970 andauernden Vorherrschaft der SPÖ ist im Interesse des demokratischen Wechselspiels bedenklich. Andererseits bedeutet ein Zerbrechen der großen Koalition Instabilität, das Aufkommen gefährlicher Emotionen und ein Ende der Sanierungsarbeit, was kein Patriot wünschen kann. In einigen großen (Bundesrepublik, Großbritannien, Frankreich) und einigen kleineren Ländern (Niederlande, jetzt auch Portugal) sind die bürgerlich-liberal-konservativen Kräfte dabei, die Fehlentwicklungen, das »Erbe« des sozialdemokratischen Systems – die Übersozialisierung der gesamten Gesellschaft – zu korrigieren. Objektiv gesehen, wäre auch in Österreich eine solche Kurskorrektur notwendig. Die Volkspartei hatte aber nicht die Kraft, dabei die Führungsrolle zu übernehmen.
Nun ist aber eine österreichische Sondersituation entstanden: Der Sozialdemokrat Vranitzky scheint bereit zu sein, dieses Reformprogramm selbst zu vollziehen, zumindest teilweise.
Somit könnte eine pragmatische Sicht der Dinge lauten: Wenn die lebenswichtige Modernisierung Österreichs anders nicht zu haben ist, dann verbleibt – als Chance – eben Franz Vranitzky.